帝国为什么衰落

罗马、美国与西方的未来

ROME, AMERICA AND
THE FUTURE OF THE WEST

John Rapley　　Peter Heather
〔英〕约翰·拉普利　彼得·希瑟 著

魏微 译

浙江人民出版社

图书在版编目（CIP）数据

帝国为什么衰落：罗马、美国与西方的未来 / （英）约翰·拉普利，（英）彼得·希瑟著；魏微译. — 杭州：浙江人民出版社，2024.6
ISBN 978-7-213-11403-8

Ⅰ.①帝… Ⅱ.①约… ②彼… ③魏… Ⅲ.①世界史 Ⅳ.①K1

中国国家版本馆CIP数据核字(2024)第058828号

浙江省版权局
著作权合同登记章
图字:11-2023-491号

Copyright ©Peter Heather & John Rapley, 2024

First published as WHY EMPIRES FALL in 2024 by Allen Lane, an imprint of Penguin Press. Penguin Press is part of the Penguin Random House group of companies.

帝国为什么衰落：罗马、美国与西方的未来
DIGUO WEISHENME SHUAILUO：LUOMA、MEIGUO YU XIFANG DE WEILAI
[英]约翰·拉普利 彼得·希瑟 著 魏微 译

出版发行	浙江人民出版社（杭州市环城北路177号 邮编 310006）
	市场部电话：(0571) 85061682 85176516
责任编辑	潘海林
特约编辑	瑰 夏 涂继文
营销编辑	张紫懿
责任校对	何培玉
责任印务	幸天骄
封面设计	孟倬萱
电脑制版	北京之江文化传媒有限公司
印　　刷	杭州丰源印刷有限公司
开　　本	680毫米×980毫米 1/16　　印　张：18.25
字　　数	146千字　　　　　　　　　插　页：4
版　　次	2024年6月第1版　　　　　　印　次：2024年6月第1次印刷
书　　号	ISBN 978-7-213-11403-8
定　　价	78.00元

如发现印装质量问题，影响阅读，请与市场部联系调换。

目 录

序　言 / 001

第一部分

第一章　公元399年的乱局 / 013
第二章　帝国与扩张 / 031
第三章　莱茵河以东，多瑙河以北 / 059
第四章　金钱的力量 / 083

第二部分

第五章　分崩离析 / 121
第六章　蛮族入侵 / 153
第七章　霸权与边缘地带 / 177
第八章　"国家之死" / 207

结　语　帝国的衰落 / 239
注　释 / 251
延伸阅读　257
索　引 / 277

序 言
Preface

序　言

西方阵营是否能重拾荣光？或者说，它们还能走以前的老路吗？

自 1800 年到 21 世纪初，西方崛起，支配整个世界。在这两个世纪里，西方社会从全球的几个新兴经济体之一，发展成为占全球产出 80% 的生产者。与之呼应的是，西方世界（即发达国家组成的经济合作与发展组织，以下简称"经合组织"）原本平均收入与全球其他地区持平，如今增长至其他地区的 50 倍。

这种压倒性的经济优势，刺激了以西方形象为典范，对全球政治、文化和社会模式的重塑。欧洲自身演变的产物——民族国家取代以前散布在全球的众多城邦、王国、哈里发国、主教领地、酋长国、酋邦、帝国和封建政权,几乎无一例外,成为政治生活的支柱。英语成为全球商业语言,法语成为全球外交语言(后来被英语取代),全世界都把盈余存放在西方银行,先存英镑,再存美元,它们取代黄金,成为国际贸易的润滑剂。西方高等院校吸引世界各地学子前来就学。到20世纪末,全球开始以观看好莱坞电影和欧洲足球联赛为乐。

然而,突然之间,历史发生了逆转。

2008年金融危机爆发,由此引发的经济大衰退不断加剧,演变成大停滞。西方国家在全球产出中的份额从80%下降到60%,并继续缓慢下降。此外,实际工资下跌,青年失业率飙升,公共和私人债务的剧增令公共服务遭到侵蚀。自我怀疑和内讧取代了20世纪90年代西方展现的强大自信。

同时,其他模式,特别是中国模式,在世界舞台上越来越有影响力。过去40年,中国人均国民收入的年平均增幅超过8%,这个速度实属惊人,意味着中国的实际收入每十年翻一番。为什么世界力量的天平出现了不利于西方世界的剧烈摇摆?这种衰退是否可逆?或者说这是一种物竞天择,西方世界应顺其自然?

序　言

1983—2020年世界人均国内生产总值增长率

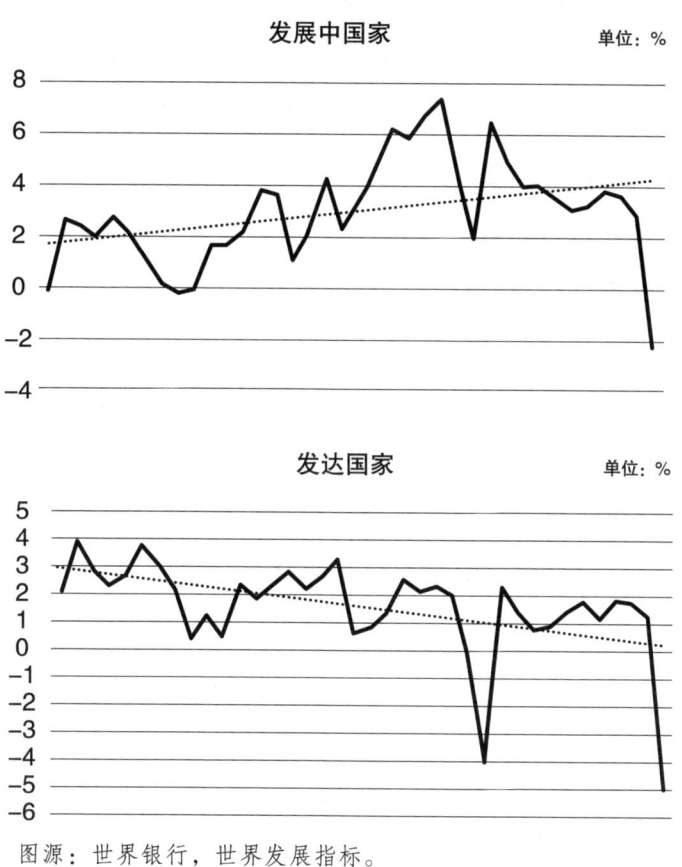

图源：世界银行，世界发展指标。

如此戏剧性的兴衰起伏并非史无前例。自公元前2世纪始，罗马帝国逐步主宰其视野所及的世界，在那之后500年的大部分时间，其霸业一直屹立不倒，直到公

帝国为什么衰落
— 罗马、美国与西方的未来 —

元四五百年，整个帝国开始分崩离析。这段兴衰史发生在大约 1500 年前，但本书认为，罗马的衰亡对今时今日仍具前车之鉴。作者将罗马帝国及其所催生的广泛世界作为切入点，重新审视当代西方的现状及发展趋势。罗马帝国之国运可供现代人吸取教训，并非本书的首创观点。但目前对罗马历史的借鉴，以及对世界发展局势的诊断，在很大程度上都以西方为中心。比如，历史学家尼尔·弗格森（Niall Ferguson）借用罗马的兴衰历史，高调评论巴塔克兰剧院惨案，发表在大西洋两岸的杂志上（即《星期日泰晤士报》Sunday Times 和《波士顿环球报》Boston Globe）——"欧洲的'购物中心和体育场馆已是一片凋敝'，却对'固守先人信仰，觊觎欧洲财富的外来客'敞开大门……欧洲就如同 5 世纪初的罗马帝国一样，如今也放任（原评论着重强调了这个词）其自毁长城。"弗格森总结说："这便是文明衰落的方式。"弗格森的灵感来自爱德华·吉本（Edward Gibbon）的鸿篇巨制《罗马帝国衰亡史》（Decline and Fall of the Roman Empire）。该书认为，令罗马缓步政怠国亡的内忧，自其停止抵御外侮——在其境内生根发芽的哥特人、汪达尔人等蛮族而始。罗马帝国从黄金时代逐渐衰败，直至无法维系自身存续，就像病毒渗

序　言

透，逐渐削弱宿主的体魄一样。吉本的基本观点——罗马的衰落是鱼烂河决，时至今日仍颇有影响，对弗格森等人而言，从中能吸取的教训显而易见。阻止帝国衰落的解药是控制边境，防范"外邦人"，围墙筑垒，重申先贤理念精神，拥抱更强硬的民族主义，并重新审视国际贸易。[1]

诚然，蛮族入侵和内部衰退的比喻或许很有影响力，但吉本的作品已然问世相当长一段时间，其首卷出版于1776年——美国宣布独立的那一年。在这之后的两个半世纪里，人们对罗马历史的理解不断加深，为西方世界分析其自身现状，以及未来几十年内的发展前景，提供了全然不同的视角。

重新解读罗马历史，对西方世界的当前地位进行非传统、去殖民化式的理解，最早出现于本书两位作者十多年前的一次对话。彼得·希瑟是专注于研究罗马和后罗马时代的历史学家，即探索帝国边缘的民生如何并入帝国发展轨道，并发生变革。约翰·拉普利则是治学于全球化问题的政治经济学家。他在现代发展中国家的研究方面颇有建树。经过长时间的讨论，二人发现双方对古今截然不同帝国的逐渐解体所得出的结论殊途同归。

帝国为什么衰落
— 罗马、美国与西方的未来 —

作者认为,"我们"帝国的统治之所以走上终结,并非完全取决于国家内部的选择和各种事件的发展,而是取决于它们在边缘地带所引发的变革。古罗马和现代西方世界之间存在巨大的差异,二者的历史却能相互启发和借鉴。帝国的生命周期始于经济发展——帝国出现后,其治下的核心地区产生新的财富流动,这样一来,也在新近征服的行省和更为广泛的边缘地带创造出新财富(这些土地和居民并未正式被殖民,而是在与核心地区的经济关系中处于从属地位)。这种经济变革必然会产生政治后果。任何财富的集中或流动,对那些有能力驾驭之,并为己所用的新兴政治力量来说,都可能成为一块基石。其直接结果是,边缘地带的经济出现大规模发展,随之而来的政治进程,终将挑战启动该周期的帝国霸权。

这种经济与政治相辅相成的关系非常强大,以至于旧帝国中心在某种程度上的相对衰落不可避免。过去几个世纪里,西方社会利用自身统治地位建立起全球战略霸权,呈现出一派"繁荣"景象,但人们不能就此认定,同样的方式能"让美国再次伟大"(或者"让英国再次伟大""让欧盟再次伟大")。因为重走过去的老路,还意味着用错误的方式对相对衰退进行逆天改命式

序　言

的尝试，就如同最近"让美国再次伟大"或"英国脱欧"的企图那般，只会加速和深化相对衰退的进程。不过，其总体结果并不一定会表现为绝对的大规模经济衰退，或者社会、政治甚至文化领域的广泛崩溃。

正如罗马历史所示，帝国可以采取一系列可行的举措，适应这个调整的过程。而这些举措既可以酿成大祸，也可以极富创意地实现大治。现代西方世界正处于调整期的开端；而罗马世界在千余年前便经历了完整的自我调整，持续比较这两段历史将为人们提供重要视角。对比罗马帝国长期可觉察的演变，以及公元5世纪的分崩离析，有助于聚焦现代西方世界发展轨迹的真正意义（这种发展目前处于相对早期阶段）。

为了便于对两个帝国的衰微进行全面比较，本书分为两大部分。第一部分通过罗马历史来理解现代西方世界的崛起，揭示几个世纪以来现代西方世界的内在经济和政治演变与罗马帝国的惊人相似，并分析其对世界经济的超凡统治力骤然且持续消退的原因。不过，当代发展中国家处于西方世界的边缘地带，其挑战尚处于早期阶段，罗马帝国风雨飘摇和分崩离析后所崛起的边缘文明对新世界重塑的影响，仍有待探索。因此，本书第二部分采用了一种略微不同的阐述方法，这是因为现代西

帝国为什么衰落
— 罗马、美国与西方的未来 —

方社会的衰落过程还远未完成，对两种帝国体系衰落的阐述不能一概而论、等量齐观。第二部分开篇详细分析了罗马帝国的分崩离析，指出了导致帝国衰败的关键因素，余下的章节则讨论了此类因素与现代西方世界凋敝的相关性，以历史之鉴，审视当今可能出现的、或好或坏的各种走势。若以重新称霸全球为出发点来振兴西方世界，已然不可行，但在不可避免的调整期中，这个阵营要么有所作为，让西方文明的大部分融入新兴的全球秩序，要么昏招迭出，使西方社会民众持续繁荣的美梦在重塑的世界中破灭殆尽。最终，正如罗马历史所揭示的，西方世界的未来将取决于，在即将到来的关键时期中，其公民和领导人在政治和经济领域所做的种种抉择。

第一部分
PART ONE

第一章
公元 399 年的乱局

华盛顿，1999 年

在如今西方的政治气候中，激烈分歧持续存在，社会不平等持续加剧，生活水平停滞不前，债务不断增长，公共服务日渐腐蚀，民众对现状感到愤怒……凡此种种，让人很难想象 20 年前西方所呈现出的未来会是完全不同的一番景象。1999 年，作为现代西方世界的中心美国，失业率降至历史最低水平。作为世界上最大的经济体，美国正身处有史以来最绵长的增长期，股市每年以两位数的速度上涨，在互联网热潮中，数百万美

帝国为什么衰落
— 罗马、美国与西方的未来 —

国人持有股票,财富每天都在增加,并在良性循环中推动经济飙升。不仅美国,甚至整个西方——由美国的盟友组成的富裕工业化经济体,主要包括西欧、加拿大和澳大利亚、新西兰和日本,都像巨人一样横跨全球。

再往前10年,可以说是20世纪的特殊时刻,东欧反对派颠覆社会主义政权,在这之后的1991年,苏联正式解体,美国经济学家开始飞往世界各地,鼓动各国政府效仿西方,重塑本国经济和政治制度。这一时期的中国也实行市场经济。德国统一,欧洲摆脱经济衰退,英国变得更加时尚,美国则蓬勃发展。到1999年,西方消费的全球产出份额达到有史以来的最高点:六分之一的人口,消费了全球五分之四的商品和服务产出,这个数字令人震惊。

美国1999年的国情咨文中,洋溢着一种美好时光永不结束的乐观情绪。美国总统比尔·克林顿(Bill Clinton)宣称:"我们未来的前景无可限量。"美国经济学家告诉政府,"大稳健"(Great Moderation)时代已经到来,经济进入稳定发展期,会带来无限增长,美国政府由此得出结论,政府盈余很快将会达到数万亿美元。克林顿敦促国会,将这笔巨额资金的一部分投入养老金和医疗保健,为此财政部部长宣布,在数十年的

第一章 公元 399 年的乱局

赤字递增之后,美国终于将开始偿还政府在前两个世纪积累下来的全部债务,让更多的资金进入普通美国人的口袋。与此同时,大西洋彼岸也有所作为——托尼·布莱尔(Tony Blair)成为新工党政府领导人,发起了一项雄心勃勃的公共服务扩展计划;而欧洲联盟则摆出一副理性自信的姿态,准备欢迎苏联解体后的成员加入西方国家的精英俱乐部。

然而,仅仅数年之后,这种乐观情绪便蒸发了。2008 年全球金融危机爆发,紧接着是大萧条和大停滞的出现。1999 年刚刚达到的峰值,仅仅十年后便开始下跌,西方在全球产出中的份额缩水四分之一,在全球生产总值中的占比由八成跌至六成。尽管各国政府和央行纷纷向其经济体注入资金,股市崩盘得到迅速遏制,最坏后果得以避免,但在此之后,西方国家未能恢复此前的增长率,而发展中国家的一些关键地区则保持较高的增长率。因此,西方在全球生产总值中的占比继续下滑。而且,西方不仅很快失去了经济领域的优势,曾经闪亮的西方"品牌",也失去了光环。

对一些西方评论家来说,吉本对罗马帝国衰落的诊断提供了一种显而易见的解决方案。即西方正在经历外来移民潮,特别是穆斯林移民潮,西方阵营的原有身份正在丧失，为此，西方必须加强自身防御，重申核心文化价值观，否则注定会走上罗马帝国的老路。然而，21世纪对罗马历史的理解，为现代西方提供了一些不同以往且令人震惊的启示。

罗马，公元 399 年

在比尔·克林顿发表乐观演讲的差不多 1600 年前——一名代表帝国的发言人站在元老院前，为西罗马帝国发表"国情咨文"。那是公元 399 年 1 月 1 日，这一天是罗马帝国最负声望的官职——执政官的就职典礼之日，这些执政官用自己的名字来命名年份，以此流芳百世，而这一年担任执政官的是弗莱维尤斯·曼柳斯·西奥多勒斯（Flavius Manlius Theodorus）。西奥多勒斯是律师和哲学家，其行政管理能力有史可鉴。他在当天发表的演讲洋溢着胜利的气氛，宣告了新的"黄金时代"的来临。西奥多勒斯先是迅速称赞了一番听众——"此次盛会让我得以目睹宇宙之辉煌，与会者的智慧实乃集世界之大成。"（如此恭维，或许当代最胆大的舆论专家也难以启口），接着，一位名叫克劳狄

第一章 公元399年的乱局

（Claudian）的诗人开始正式演讲。

诗人的演讲包含两个主题。首先，夸赞西奥多勒斯等人所效劳的帝国行政体系之卓越："在如此英明的皇帝领导之下，谁能拒绝如此荣耀加身的职位？谁能获得比这更丰厚的奖励？历史上哪位先人的智慧与勇气可与当今皇帝媲美？即使布鲁图斯（Brutus，尤利乌斯·恺撒的劲敌）生活在当今皇帝的统治之下，都会感到欢欣鼓舞。"其次，颂扬帝国牢不可破的繁荣——"智者走向通往荣誉的宽敞大道；功臣必将获得嘉奖；勤劳之人也会得到相应的回报。"

乍看之下，这篇演讲就是历史上正在走下坡路的政权最青睐的那种自吹自擂。当时的西罗马帝国皇帝霍诺留（Honorius）只有15岁，真正的统治者是一位名叫斯提里科（Stilicho）的将军。斯提里科是铁腕统帅，有着蛮族血统，他的身边则围绕着一群迫不及待想在背后"捅刀子"的官员——而且是真正意义上的捅刀子。[2] 仅仅十年后，罗马城就被一群野蛮战士洗劫一空。这些人最近才移民到罗马，而且有自己的领导人——哥特国王亚拉里克（Alaric）。霍诺留王国在接下来几代人的任期内分崩离析：罗马西部被几位野蛮君主瓜分，哥特人亚拉里克的后裔统治着西班牙和高卢南部的大部分地

帝国为什么衰落
— 罗马、美国与西方的未来 —

区,勃艮第国王占领了高卢东南地区,法兰克国王盘踞在北部,汪达尔人霸占了北非,而盎格鲁-撒克逊战团横扫了英吉利海峡以北。此处不禁要问,执政官也好,皇帝也好,发言人和元老院也好,难道统统参与了这场恣意妄为、自欺欺人的集体仪式吗?吉本显然是这么认为的。根据吉本的观点,从公元2世纪安东尼王朝统治时期起,罗马的经济、文化和政治黄金时代便已走向衰落。至公元399年,这种颓势已持续很长一段时间,帝国的崩溃此时不过是一触即发。

吉本之后的几代历史学家不断发展其研究模型,到20世纪中期,他们汇总出罗马帝国的衰落一览表,整个脉络一清二楚:首先是公元4世纪,罗马帝国的律法中提到了"agri deserti"一词,即"田地荒芜"。当时,帝国的农民占总人口的85%—90%。在以农业为主的国度,荒芜的田地暗示着经济灾难。农民弃耕,起因可能是惩罚性的税收制度(在当代文献中时不时能见到如此控诉)。其次是腐朽势头蔓延至上层结构。在吉本笔下的"黄金时代",罗马中产阶级和上流阶层通常会在石碑上记录生活中的各种成就,并刻上日期。这些铭文歌颂的是他们获得的荣誉、担任的职务以及获赠的种种礼物,还有赠送给当地村社的房屋和其他便利设施

第一章 公元 399 年的乱局

（在罗马世界，公民美德受到高度重视）。19 世纪开展了两个重大项目，即收集和出版所有已知的拉丁文和希腊文铭文。得益于此，历史学家很快形成了一种支配性观点——公元 3 世纪中叶，铭文的年平均镌刻频率突然下降到先前平均水平的约五分之一。罗马世界上层阶层自我歌颂频率的急剧下降，就像荒芜的田地一样，强烈地预示着经济即将崩溃。再次，对埃及纸莎草纸和同一时代现存帝国硬币的仔细研究进一步佐证了这种观点。公元 3 世纪下半叶，罗马帝国陷入恶性通货膨胀的泥潭，其剧烈程度堪比第一次世界大战之后德国的通胀水平。迪纳里厄斯①银币不断贬值，更是雪上加霜。货币贬值、恶性通胀、上流阶层信心流失，再加上土地荒芜，都引向明确的结论，那就是早在西奥多勒斯就职前一个世纪，罗马经济已趋于崩溃，基督教的兴起，不过是推波助澜罢了。

吉本还开创了一种思路，认为帝国的新宗教是一种极为负面的存在。在他看来，基督教成千上万的神职人员和苦行僧都是些"光说不做"的人，他们对帝国的依赖削弱了帝国的经济活力。吉本还认为，基督教对爱的

---

① denarius，迪纳里厄斯，罗马帝国的货币。——译者注

传递——"以德报怨"——破坏了罗马帝国尚武的公民美德,而帝国之所以伟大,就在于这种美德。吉本非常不喜欢基督教领袖之间动不动就争论的现象,因为争论与帝国创始人的教导形成鲜明对比,而且削弱了帝国原本的统一目标。因此,20世纪上半叶史学界的普遍共识是,到399年,整座帝国大厦几乎靠极权主义的臃肿官僚体系支撑,而这个体系依赖的又是中央集权式的经济。在这样的经济形势之下,继续留下来为帝国效劳的战士只够勉强度日。第一次世界大战后成熟的一代学者,长期目睹魏玛共和国的恶性通胀乱局,同时直面俄国布尔什维克的发展壮大,还有纳粹德国极权主义的抬头。根据对罗马历史的广泛共识,罗马帝国晚期问题层出不穷,只需一小群野蛮入侵者,整个帝国就会一溃千里。于是,就在西奥多勒斯担任罗马执政官、象征"黄金时代"来临的几十年后,帝国的衰落如约而至。

这种关于帝国中心道德和经济堕落的叙述——将帝国落日的责任完全归咎于罗马的领导者——对当代产生了一种难以估量的重大影响。这种影响不仅在一些重要的西方保守派评论家当中盛行,也波及整个社会科学范畴,塑造了国际关系领域当代思想的重要分支,甚至连美国白宫也偶尔能见到其影子。唐纳德·特朗普

第一章 公元 399 年的乱局

（Donald Trump）的前政治顾问史蒂夫·班农（Steve Bannon）在阐述美国因抛弃宗教传统而堕落的论点时，经常引用吉本的世界观，并在特朗普的总统就职演讲中，明确将国家当前的状态描述为"美国大屠杀"。作家兼思想家罗伯特·卡普兰（Robert Kaplan）深刻地影响了比尔·克林顿的外交政策。他对自己从阅读吉本著作所获得的见解赞不绝口，特别是在预测全球边缘国家和地区"即将陷入无政府状态"时，更是引用了吉本的观点。在经济理论方面，德隆·阿西莫格鲁（Daron Acemoglu）和詹姆斯·罗宾逊（James Robinson）在《国家为什么会失败》（*Why Nations Fail*）一书中提出，自由制度为现代西方的经济胜利铺平了道路，而专制制度则使衰落不可避免。作为理论支持，阿西莫格鲁和罗宾逊引用了吉本的观点，并表示赞许，他们认为当罗马不再是共和国的那天，帝国的命运便已成定局，从此走上漫长但不可阻挡的崩溃之路。

吉本所著的《罗马帝国衰亡史》在美国产生了特别广泛的影响，这点不足为奇。美国自诞生之日起，该国的知识分子就将自己看作是罗马的继承人，并将罗马帝国的历史视为未来的指路灯。而吉本所称内部衰落模式的不同元素，是美国整个工业世界的建立背景。评论家感兴趣的议题各不相同,有些人对罗马帝国的经济衰败兴趣盎然,有些人则对帝国的道德堕落投注了更多的研究视线,但万变不离其宗,所有评论家都将内部因素视为帝国崩溃的根本原因。《罗马帝国衰亡史》叙事精彩,情节引人入胜,单论吉本的文笔,至今吸引着许多人的阅读。除此之外,这本书还有一个优点,那就是历久弥新。就像老师常常告诉学生的那样,观念一旦先入为主就难以改变了。但这种观念必须改变,因为在过去50年中,对罗马历史的不同研究观点开始浮现。

犁地和陶罐

20世纪50年代,一名法国考古学家在叙利亚北部的一个小角落里有了一个惊人的发现,让罗马帝国繁荣晚期的一些农村遗迹得以呈现在世人面前。这些公元4—6世纪之间的遗迹广泛分布在该地区的石灰岩山丘上。该地区的天然建筑材料用的是就地取材的石头,这意味着当时农民的房屋仍然屹立不倒,其中一些还刻着带有日期的铭文。罗马帝国的其他地区,农民都是用木材或泥砖建造房屋,表面不留痕迹,因此这次的发现可

第一章 公元 399 年的乱局

谓独一无二。根据吉本的标准模式,在罗马帝国晚期,这样富裕的农民应该不存在。过度征税不是让农民破产,田地荒芜,农村繁荣从此再无容身之地吗?

在这次惊人发现的同一个十年里,文化历史学家也开始了探索一些途径,削弱吉本对基督教的指责,不过其中一些最后沦为让人会心一笑的谈资。从君士坦丁大帝时代开始,基督教就是一种有组织的宗教,其整体历史涵盖十字军东征、宗教审判和强制改宗。吉本认为,基督教过多地鼓励和平主义,有可能对罗马的帝国主义造成破坏,这个观点体现出了吉本的幽默感。自 20 世纪 50 年代以来,更为详细、更讲究平衡的研究明确表明,基督教并未大肆破坏古典文化的统一,而是将其引向令人激动的新方向。公元 4 世纪和 5 世纪,《圣经》和古典文化元素通过新的方式实现强有力的融合,促成了基督教的发展和演变,而宗教分裂引发的问题被严重夸大。无论是在实践上还是在理论上,君主很快成为教会结构的领袖,在帝国统治的广袤领土上,很好地培育出一种新型的文化统一。另外,关于基督教教职人员"光说不做"的论点也不太有说服力。基督教高级职位很快由罗马行省的绅士盘踞。一方面,他们领导教会,维护现有的社会和政治秩序;另一方面,从一般意义上来讲，无论是"光说不做"也好，还是勤于事务也好，他们与罗马的精英地主阶层相比，并无本质区别。在实际生活中，各类神职人员主要作为国家官员履职，而不是作为宗教的代表行事。

有观点认为，罗马帝国晚期政府是失败的威权国家代表，新的学术研究也对此提出了质疑。1964年，一位曾担任英国战时公务员的古代历史教授A.H.M.琼斯（A.H.M. Jones）发表了罗马帝国政府结构的报告，抨击了旧有学说的巨大漏洞。公元4世纪，罗马帝国的官僚机构确实膨胀了，但相对而言，仍然远远不足以严格掌控庞大的罗马世界，其最长的对角线一直从苏格兰延伸到伊拉克。事实上，官僚机构的膨胀过程并不在帝国中心的掌控之内。如第二章所述，正是罗马各行省的精英自己在组织内部谋求新职位，推动了官僚机构的扩张。乍看之下，这些举动似乎是威权政府的扩张，但实际上，是帝国的现有统治阶级转移了阵地，改成在新的社会政治背景下争取支持和影响力。这种转移是相当重要的发展，但并没有明显预示着帝国体制的结束。这些观察结果是对原有的罗马帝国衰落范式的重大修正，但充其量仍只是对非传统罗马帝国历史的孤立一瞥。20世纪70年代，一次具有革命性的新发现将这些个别观察结果汇集，促成了一次基本的范式转变，并以令人瞩目的方式证明，当时人们在日常生活中由于笨手笨脚打碎的陶器，具有何等重要的意义。

陶器一旦碎了，器物本身几乎就没了用处，但单块碎片会保留下来。因此，尽管木头会腐烂，泥砖会化为尘土，但陶器碎片往往会留在它们掉落的地方，在经历漫长岁月之后，仍然能够为我们描绘出一幅图像——告诉我们，最初的主人居住的房屋和村庄是什么样子的。然而，若要完全揭示罗马经济发展的宏观图景，光靠人们打碎的陶器还不够，还需要两项技术突破。一方面，这些碎片需要确定日期。长久以来，人们公认罗马晚宴用具（考古学家的行话称之为"精美器皿"）和储物罐（即amphorea，双耳陶罐）的设计会随着时间推移而发生变化，但研究人员必须在可以确定年代的遗址中找到足够多的这类陶器，根据其设计演变，建立准确的年代学图像。另一方面，他们要能够识别出地表陶器的密度，以确定地下是否埋藏着古代聚落。到20世纪70年代，这两个问题都得到了解决，这要归功于现代犁地技术，它可以深入地下，让长期埋藏的物品重见天日。

随后发生的事情表明，真正的考古学通常比印第安纳·琼斯①的冒险要无趣得多。在接下来的20年里，一队又一队的学生和老师来到古罗马遗址，排着整齐的队伍，拾捡他们面前一平方米内能找到每一块碎陶片，统统放进贴有标签的塑料袋。然后，队伍前进一米，重复这个过程。一米又一米，直到覆盖目标地区的全部区域，或者考古季节结束。他们再花上一整个冬天，分析袋子里的东西。不足为奇的是，在郊区进行一次大规模调查可能需要花费10年，甚至需要更长的时间。但考古学家有的是耐心，20世纪70—80年代，到处都是他们的身影，手里拿着袋子，想在古罗马世界的广阔土地上找到蛛丝马迹。

这个过程可能很枯燥，结果却相当惊人。罗马帝国十分庞大，从地图上看幅员辽阔，但我们还要考虑一个因素，那就是古代人与物的移动速度大约是现代的1/20——至少陆地交通如此，比如步行、坐马车或骑马。要想衡量实际距离，就需要评估某人从A地到B地需要多长时间，而不是随意采用度量单位来计算，因此，罗马帝国不同地方的实际距离比裸眼看到的要

---

① Indiana Jones，印第安纳·琼斯是电影《夺宝奇兵》系列的主角。在该电影系列的设定中，琼斯在芝加哥大学学习考古学，正式身份是风俗学教授和考古学家，生平经历了一系列激动人心的冒险故事。——译者注

第一章　公元 399 年的乱局

远 20 倍，整个帝国的版图也要宽广 20 倍。尽管帝国规模庞大，但考古学结果表明，几乎在帝国的每一处，而不仅仅是在叙利亚北部的石灰岩丘陵地带，农村定居地在公元 4 世纪都达到了巅峰状态，当时正好是帝国崩溃的前夕。英国南部、高卢北部和南部、西班牙、北非、希腊、土耳其和中东等地，都是类似的考古学结果——农村人口密度以及由此产生的农业总产量在帝国暮年达到了最高水平。农业经济是古罗马的支柱，因此毋庸置疑，罗马帝国的总经济产出——即总产值——在公元 4 世纪达到了罗马历史上的峰值。

这次的发现实属惊人。这个规模庞大、不断有新补充的数据库——地下埋藏的陶片数量无法估算——证明罗马宏观经济的发展轨迹与之前有关衰落的叙事推定完全相反。因此，无法动摇的证据大量累积，迫使人们重新审视原先正统观点所依据的一系列有限因素。

如果仔细研究，我们会发现"田地荒芜"（agri deserti）实际上是技术术语，指的是不值得征税的土地。更为关键的是，这个词并不一定代表田地是否曾被耕种过。石碑铭文终结——这个历史现象更为重要，但跟"田地荒芜"同理，仔细研究一番就会发现，它并没有明确指向经济衰退。公元 3 世纪中期以前，帝国的地

帝国为什么衰落
罗马、美国与西方的未来

方上流阶层一直为了在家乡谋个一官半职而你争我夺，因为当地议会有可观的预算供支配，而铭文中记录的馈赠活动在政治竞争中扮演了关键角色。但到公元3世纪中期，中央没收了这些预算（原因见下文阐述），地方政权钩心斗角的原始动力消失了。对于雄心勃勃的行省地主来说，加入快速扩张的内廷官僚机构，就能攫取新的机会，因为这个机构现在掌控着经济资源。于是行省地主顺应新形势，改变了自己的生活方式，用昂贵的法律教育（正如公元399年先是担任律师，后升任执政官的西奥多勒斯那样）取代了原先对地方的慷慨赠予，换取在仕途上出人头地的机会。在这种新背景之下，也就没有必要花上一大笔钱，请人把自己的慷慨行为刻成碑文。至于税收，我们需要记住一个基本观点——迄今为止，人们开展过密集的比较历史研究，但从未发现哪个人类社会认为自己的征税负担是轻的。罗马帝国晚期，纳税人的抱怨并没有持续太长时间，新的考古证据表明，人们并没有因为财政体制而陷入持续的水深火热的生活。恶性通胀确实存在，但其影响比以前想象的要有限。通胀的结果是，按照贬值银币计价的商品价格上涨（所有物品几乎涨价）。但罗马地主的大部分财富都

第一章　公元 399 年的乱局

以纯贵金属储备的形式持有,以其拥有的土地及产出为主。所有这些都不受银币逐渐贬值的影响,因此,与魏玛德国不同,古罗马的恶性通胀并没有触动帝国地主精英的实际利益。

基于这个理由,曾经作为经济衰退的明证,实际上并不成立。所以,吉本错了。罗马帝国并没有从公元 2 世纪的黄金时代开始漫长而缓慢地衰落,直至 5 世纪分崩离析。[3] 实际上,罗马帝国的繁荣在崩溃前夕达到了顶峰。公元 399 年的那位帝国发言人宣布新的黄金时代到来,于公于私,都既不愚蠢也不犯法。到公元 4 世纪末,著名的"罗马和平"(pax Romana,即通过军团征服创造的、广泛政治和法律稳定的时代)已经延续了近 300 年,为帝国各行省创造出持续繁荣数个世纪的宏观经济条件。

这次发现革新了我们对罗马帝国晚期的理解,可能具有十分重大的影响,尤其是考虑到,20 世纪 90 年代的西方社会洋溢着大张旗鼓的乐观主义,如今的氛围却一片灰暗,这次发现的意义更是非比寻常。首先得出的明确启示是:帝国崩溃未必由长期经济衰退而造成的。罗马帝国是西亚版图最大、存在时间最长的国家,但在达到经济巅峰的几十年后,其中一半土崩瓦解。单方面看,这可能是随机的巧合。然而,对罗马和现代西方更长期历史的深入探讨表明,情况绝非如此。

第二章
帝国与扩张

公元371年,罗马帝国有一位名叫蒂西米休斯·马格纳斯·奥索尼乌斯(Decimius Magnus Ausonius)的基督教诗人。他来自今天的波尔多,曾写了一首483行的六音步诗,颂扬帝国西北角的某个地区。这片溪谷位于摩泽尔河流域(今德国境内),最终流入莱茵河。

吸引这位诗人目光的是该地区的精耕细作,富饶农产,以及围绕农业发展出来的人类文明:

> 放眼望去是乡村宅第,
> 坐落在高高河岸峭壁。

> 处处山坡葱葱又郁郁，
> 葡萄藤蔓层层又密密。
> 摩泽尔河谷清澈小溪，
> 蜿蜒低语着向前流去。

随着对主题的抒发之情洋溢开来，诗人详细描述了这条河流种类丰富的美味渔产（它们的名称巧妙，为诗人展示拉丁文韵律的高超技艺提供了绝佳的机会）、农民生活的简单乐趣，以及该地区庄园领地的壮丽景观：

> 试问谁能笔下生光辉，
> 歌颂无穷装饰之精美，
> 吟唱无数结构之巧妙，
> 描画领地建筑之容貌？

《摩泽尔》（*Mosella*）采用的是古老的拉丁文学体裁，即"艺格敷词"（ekphrasis）或扩展描述，但有浓浓的弦外之音。在诗人奥索尼乌斯看来，住在这条河流沿岸的罗马民众，生活是如此富饶，以至于台伯河（Tiber，用来比喻罗马城）"荣耀都不能与此地相比"。不过，奥索尼乌斯怕别人指责他傲慢自大，又打

第二章 帝国与扩张

趣地收回了这个观点，但诗歌的其余部分毫不含糊地表达了诗人真正的情感。虽然我们很容易将诗人的歌颂看作一种夸张之情，但实际上，这种抒发与陶器碎片展示的惊人异常不谋而合。

20

流动的财富

尽管整个公元 4 世纪，罗马帝国呈现一派黄金时代的盛世景象，比如诗人奥索尼乌斯笔下富饶的摩泽尔河谷，当地确实发现了帝国晚期很多华美的别墅。不过，学者对陶器的鉴定也确实揭示出了某些地区的衰落。其中两个地区的衰落很容易解释。公元 3 世纪，蛮族曾猛烈进攻不列颠北部和比利时的农村定居点，导致这些地方此后一直未能恢复元气（见下文详述）。然而，更令人困惑的是罗马帝国意大利核心地区的结果。公元 3 世纪，意大利并未遭受如此严重的野蛮入侵，该地区的居住情况和农业产出在公元前后两百年达到顶峰，公元 3 世纪和 4 世纪保持稳定，但水平明显下降。为什么在罗马帝国边缘地带发展繁荣之时，帝国最初的中心却出现了萎缩？如果我们把目光投向 1000 年以后，分析现代西方的崛起，答案就会水落石出。

公元 1000 年初期，西方地区的经济并不强大。当时，一些维京人穿越了大西洋，但那时候，在更广泛的欧洲政治经济网络中，北美几乎毫无用处。来自北非和中东的穆斯林统治着西班牙南部，他们削弱君士坦丁堡的地位，将其变成无足轻重的小小继承国，并夺走了它在地中海内陆南部和东部的绝大多数领土。世界的这个小角落，贫穷、技术落后、政治分裂且疾病肆虐。然而，在接下来的 1000 年里，这个小角落却崛起成为支配全球的霸主。

是什么引发了如此戏剧性的转变？各界目前仍然存在巨大争议。政治因素是一方面：欧洲国家不强也不弱，给了企业家冒险投资所需要的自由和稳定。自然环境是另一方面：欧洲拥有大量适合驯化的动物（这是早期的资本形态），有很多水路可以开展便宜的运输，还有各种各样的地形，可用来耕种各种农作物，这些因素鼓励和促进了交流。再者，文化可能也起到了一定的作用。在一些分析家看来，基督教强调自愿婚姻，由此产生的核心家庭有了存钱的动力，而且基督教注重道德要求，经济体系以信任为基础，有助于与陌生人签订合同，从而在物质上促进了远距离贸易。而在其他学者看

第二章 帝国与扩张

来，欧洲中世纪大学的产物（借鉴了罗马先例）——成熟的私有财产法律概念的出现，在整个过程中起到了核心作用。

然而，对于接下来发生的事情，人们很少有分歧。中世纪的技术进步，比如采用足够重的犁在黏质土壤上犁地，并制订更复杂的轮作计划，产生了更多的农业剩余。这些导致欧洲精英阶层的奢侈消费增加，他们对东方的糖、香料和丝绸服装的喜好，受到十字军东征的进一步刺激。反过来，欧洲经济不断发展，生产出更精致的羊毛织物，并在东方找到了现成的出口。这种不断增长的远距离贸易，进一步维系了日益庞大的市场和集市网络。

其中最早且最重要的城市位于意大利的中部和北部，那里的地理位置优越，特别便于远距离贸易进入地中海，再加上地主精英地位相对较弱，使商人能够获得足够的财富，控制地方社区的政治议程。城邦由此产生，成为社会、政治和法律的基础设施，并进一步促使贸易扩张：信贷和金融市场、合同履行机制、安全的海上航线和外贸协议纷纷应运而生。意大利商人坐落在欧洲和东方交汇处，在很大程度上控制了欧洲物品（尤其是纺织品和小麦）与东方商品的交流。从11世纪开始，以佛罗伦萨、威尼斯和热那亚为首的意大利城邦崛起，主导了欧洲贸易。

意大利最初核心地区的繁荣很快促进了其他地方的发展。尽管意大利城邦向东方销售欧洲纺织品，但最好的产品来自低地国家（Low Countries），而大部分低地国家又从英国进口原羊毛料。因此，在意大利贸易网络的支持下，北欧经济开始扩张和多样化。一些北方城市，尤其是佛兰德地区，纺织工厂早在12世纪和13世纪就已经出现，自15—16世纪后期开始与意大利同行竞争，成为贸易和商业中心。更笼统地说，意大利城邦从东方贸易中赚取了巨额利润，刺激其他欧洲政府参与其中。不过大西洋沿岸的这些国家并没有挑战意大利在地中海东部的主导地位，而是选择向西，寻找通往亚洲的海上替代航线。在葡萄牙和西班牙的引领下，欧洲改进了导航和造船技术，远洋航行有了可能。接着，他们在航海途中无意碰到美洲（只是这帮航海家没有预料到，他们眼中的这片新大陆将会在何等程度上改变欧洲本身，因为多年来，欧洲贸易仍然经由地中海辐射其他地区，并以东方为中心）。不过，从长期来看，随着美洲的黄金和白银开始充实西班牙和葡萄牙的国库，以及北欧商人开辟出通往东方的新海上航线，欧洲资本主义

第二章 帝国与扩张

的重心从意大利转向了其边缘地带。

与此同时,西班牙和葡萄牙帝国有了来自美洲的财富。它们从现有的欧洲工业区进口奢侈品成品,并将剩余财富存在其他地方(尤其是德国),而不是用于自身经济的转型,这促使了北方进一步的扩张。尤其是对英国纺织品的需求,最终在英吉利海峡以北引发了一场引人注目的经济革命,而英国议会有权改变土地占有制是其中的一个重要因素。嗅到商机的地主圈占土地,驱逐农民,将土地变成牧场,以用来养羊,为蓬勃发展的纺织业输送原料。地主因此变得富有,为投资创造出新的资本来源。与此同时,圈地运动也造成一代无地之人,这些人迫切需要工作,为不断增长的工业部门提供了廉价劳动力。这样一来,英国的整个发展进程得以早于其他竞争对手。到18世纪末,为了适应这种环境变化,手工作坊遍布英国乡村。此外,在建立舰队夺取海外资产方面,荷兰和英国以及法国已经赶上并超过伊比利亚国家。

随着制造业部门的增长,对原材料的需求变得迫切,英国积极开拓殖民地,其中最重要的一块位于北美洲。尽管美国最终在政治上脱离了英国,但它继续发挥关键作用,成为英国工业品的来源和市场。北美出产的

帝国为什么衰落
— 罗马、美国与西方的未来 —

棉花最终超越印度棉花，支撑起英国不断增长的纺织业。到19世纪，纺织业基本迁至英国城市，当地劳动力充足，让企业主能够经营更大的工厂，当时快速发明出来的新机器成了大批劳工的生产工具。随着19世纪缓慢向前推进，美国也成了英国的竞争对手，就像法国和德国等欧洲国家一样，依靠政府政策来培育本土制造业，而不是像英国那样，将其交给自由市场。

到19世纪末，英国大多数人口在城市，而法国的城镇人口只占大约四分之一。不过，此时的英国被其前北美殖民地的居民超越，这些人赶走当地土著，开辟广阔的西部领土供人居住。19世纪和20世纪早期，大规模移民涌入美国，每隔几年，这个国家的人口就会翻一番：如此扩张速度，欧洲无任何一国能及。这种扩张不仅让产出大幅增加，还为该国不断增长的工业部门创造出巨大的新市场。工人对大规模剥削提出抗议，他们的工资最终有所上涨，但此时的美国也与欧洲很多城市类似，暴动蔓延，社会主义运动有了萌芽。不过美国拥有一种重要的调节工具，能控制劳动力成本。不满现状的人可以去西部碰运气。再说，埃利斯岛的大门口永远不愁找不到取而代之的工人。得益于这种持续的增长，美国在19世纪末超越英国的总经济产出，进入所谓的"镀

第二章 帝国与扩张

金年代"（Gilded Age）。

因此，西半球的经济演变经历了1000年的时间，最繁荣的中心在地理位置上定期发生了转移。资本主义增长推动了对新市场、新产品和新供应来源的不断需求，新经济据点从最初的意大利北部心脏地区稳步向外推进。市场需要劳动力和原材料，而这些地方恰恰两样都不缺——这种逻辑表明，中世纪后期和近现代西方的所有新兴地区都实现了惊人的经济增长。首先是意大利北部，然后是西班牙、葡萄牙、荷兰、法国和英国，最后是美国。它们轮流崛起，成为经济霸主。新机遇与新的原材料和劳动力来源相辅相成，使得这些国家或地区能够依次登场，主导那些有价值的出口贸易。在每一次转移中，即使交通工具的改善促进了新贸易网络的出现，但大部分生产仍然集中在当地，或至少集中在地区范围内。[4] 尽管如此，不同时代的出口贸易会产生额外的财富，这才是真正改变繁荣中心的关键变量。

再回到古罗马——现代西方的崛起，其实有助于解释罗马帝国原本核心地区意大利最初的神秘衰落。对罗马帝国来说，经济主导地位之所以从最初的帝国中心发生转移，同样是出于简单的经济逻辑。在这种情况下，工业生产在帝国境内繁荣格局的变化中几乎没有起到任何作用，帝国的经济实际上仍然以农业为主。在基督诞生前后的几个世纪里，尽管从考古学的角度无法观察到，但意大利的葡萄酒和橄榄油工业，以及在某种程度上的陶器工业，可能还包括谷物，都有大量产品出口，并以出口到罗马新占领的欧洲领土为主。随着时间的推移，在"罗马和平"创造的宏观经济条件下，帝国其他地区的农业资源得到了更充分的开发，并完全超越了意大利早期的支配地位，其中一个原因是当时的交通条件非常有限，且费用昂贵。牛车每天最多只能行25英里（约40千米），商品在帝国各行省之间的流通可能需要数周时间：这与构成现代帝国交通网络的火车和船只相去甚远。不仅如此，根据公元300年罗马皇帝戴克里先（Diocletian）的物价法令（Prices Edict），一辆装满小麦的牛车，每走50英里（约80千米）运费就翻一番。这是因为拉车的牛需要喂食，此外还要支付价格高昂的内部通行费。在这种情况下，随着被征服的土地开始进行密集生产，更低廉的本地货必然会将意大利的产品挤出市场。

到了罗马帝国晚期，只有当某种物品在本地无法生产（比如非地中海地区的葡萄酒和橄榄油），或者物品能够获取特别高的溢价（与普通或本地品种相比，稀有的大理石或昂贵的年份葡萄酒),长途贸易才占主导地位。还有一个例外——为了向帝国首都输送资源或军事物品,国家会给一些运输线路提供补贴,如果货物可以搭乘这些线路,也能走长途贸易(那些应国家要求,运送谷物、葡萄酒和橄榄油横跨地中海的船主似乎也在顺道运输其他货物)。但这样的特殊情况少之又少,运输成本逻辑推动了罗马行省的发展,牺牲了原本意大利核心地区的利益。臃肿的罗马城本身则成为进口商,大规模从西班牙、北非和更广阔的地中海地区进口葡萄酒、油和其他必需品。[5]

帝国行省

在宏观经济变化的背后,有数百万则历史故事在推动其前进,奥索尼乌斯笔下的故事不过是其中之一。他自己并非摩泽尔河谷本地人,其诗作开篇透露出一丝高卢本地人的自豪感:

[摩泽尔河谷]风光秀美,
令我想起家乡波尔多,

那儿的景色尤让人陶醉。

奥索尼乌斯家族的起源无从考据，但这个家族属于比提格斯·维维斯基（Bitigures Vivisci）部落，在奥索尼乌斯来到摩泽尔河谷的4个世纪前，该部落曾被尤利乌斯·恺撒（Julius Caesar）征服。波尔多曾是凯尔特的山陵要塞，被征服后经历重建，变成了罗马城市，市议会由当地部落贵族组成。这些贵族最终掌握了装点帝国文化所必需的一切元素——学习拉丁语、建造别墅、浴场和神庙，并通过担任当地职务来获得罗马公民身份。奥索尼乌斯的父亲就是在这样的背景下出生的，后来成为东罗马帝国新首都——君士坦丁堡的著名大学教师。奥索尼乌斯本人结束大学学业后，担任现任皇帝之子的私人教师。该皇子继位后，出任了一些最高级别的国家职务，最终官至罗马执政官。

奥索尼乌斯家族的荣耀跨越两代人，其经济基础在于不断稳步发展的农业繁荣。古罗马时期，波尔多地区已经是葡萄酒生产中心，又在"罗马和平"政治和经济稳定的背景下，变得更加富裕。因此，奥索尼乌斯家族不仅经济实力雄厚，而且文化层次较高，能积极参与罗马的公共生活。此外，这个家族对如何通向更宏伟的繁

第二章　帝国与扩张

荣之路也有敏锐的洞察力。到公元 4 世纪，担任城市议会职位的吸引力已经不如往日，正如前文所述，这时的帝国没收了地方议会的收入。识时务之举是顺应帝国体制的演变，追随财富和影响力的流动，就像奥索尼乌斯父子那样。奥索尼乌斯的许多同僚都想在帝国不断扩大的各个层级官僚机构谋得一官半职，而且得偿所愿。有些人像西奥多勒斯一样，成了律师，而奥索尼家族则沿着一条历史悠久的老路，通过文化层面的成就换来了世俗层面的成功。就罗马精英而言，他们共同而独特的文化——建立在对语言和文学深入研究的基础上——是构成独特文明和理想社会的要素，因此在官场晋升的博弈中，"学问"扮演着重要角色。[6]但无论哪种情况，罗马精英谋求帝国职位带来的好处，都会重新拿来购置土地，扩大自己在家乡的地盘。奥索尼乌斯在罗马宫廷的学术和政治生涯也不例外。毕竟时局紧张之时，在农业占绝对主导地位的罗马经济体系中，土地是唯一靠得住的投资。

同理，无数个体精英光宗耀祖的成功故事，推动了现代西方帝国的演进。就像古罗马奥索尼乌斯家族的故事一样，伟大的范德比尔特家族的起源也很扑朔迷离。17 世纪，欧洲贸易公司积极开拓海外殖民地，荷兰西印度公司在荷兰获得特许状。该公司的第一项冒险事业就是在曼哈顿岛南部建立贸易站，这个地方后来成为新阿姆斯特丹的首府。为了供养这座要塞，荷兰的农民被带到那里。他们很快发现曼哈顿东边长岛的土壤更加肥沃（后来岛屿的名称英语化，变成"布鲁克林"）。

一位名叫扬·艾尔特森（Jan Aertsen，意思是"艾尔特之子"）的移民就是其中之一。艾尔特森来自乌特勒支的比尔特村，因此也被称为范德比尔特（Vanderbilt，意思是"来自比尔特"）。1640年，艾尔特森移民到长岛，当时身无分文、年仅13岁的他给一个荷兰殖民者当学徒，干了三年后，建了自己的农场。从1661年开始，艾尔特森的名字开始出现在书面记录中。到17世纪末，这个家族在长岛上已经牢牢扎根。那时，英国已经接管这块殖民地，并更名为纽约，但范德比尔特家族和许多荷兰殖民者一样，心甘情愿地适应了新体制。他们学习英语，以方便与新政府，以及越来越多的英国殖民者交往，但除此之外，生活基本照旧。18世纪后期，大多数荷兰家庭在大部分生意场或社交生活中仍然操荷兰语。

范德比尔特家族的人头脑灵活，又识时务，1776年美国宣布独立之后，很快就适应了新体制。在这之后，美国日渐繁荣，贸易规模不断扩大。1776年，扬的来

第二章 帝国与扩张

孙——年仅 12 岁的科尼利尔斯·范德比尔特（Cornelius Vanderbilt），弄了一艘小船运送产品到城市，补贴农业收入。科尼利尔斯的儿子，也叫科尼利尔斯，出生于 1794 年，完全放弃农业，动用小部分家族资金买了一艘稍大的船，运送货物和人员在城市之间往返。这桩生意非常成功，这位小科尼利尔斯很快买了更多的船。1812 年英美两国再次爆发战争，正好需要更多的船只为美国沿海港口供应物资。随后，小科尼利尔斯又买了蒸汽船，然后把大西洋客轮也纳入其业务范畴。19 世纪中叶，这位"海军准将"进军铁路业，当时联邦政府向欧洲定居者开放西部，他又发了一大笔财。美国大草原为欧洲市场供应大量的粮食，数百万欧洲人涌入农业，范德比尔特的海上和铁路帝国蓬勃发展。

从几个重要方面来看，奥索尼乌斯家族和范德比尔特家族的历史几乎没有相似之处。一方面是奥索尼乌斯家族，他们在经济和技术相对停滞不前的时期成功攀升社会阶梯。罗马帝国体系内部的生产模式几乎每年都一成不变，因此很难有步步高升的机会：精英家族从葡萄酒和其他农产品中赚取原始财富，用来换取文化资本，有了文化资本，就能提升在帝国社会和政治网络中的地位，捞取好处，这些好处再用来买田置地。另一方面，

帝国为什么衰落
— 罗马、美国与西方的未来 —

范德比尔特家族,尤其是科尼利尔斯和小科尼利尔斯,生活在技术和经济革命最为激荡的时期之一,因此家族能够利用全新的机遇,顺应贸易和生产的演变,发展壮大。不过,从最基本的层面来看,这两个家族的历史实际上是同样的发展模式:原本行省出身的家族雄心勃勃,抓住帝国机遇,改变了家族历史的轨迹。

尽管历史背景不同,成功的程度也不同,但罗马帝国也好,美国也好,各自向前发展的历史中都出现了无数个范德比尔特和奥索尼乌斯。从不列颠到叙利亚,数千名当地精英加入罗马帝国(通常在加入前就已经取得身份),现在又继续升官发财,变成体面而富有的帝国公民。还有一些罗马军团的老兵,以及地位卑微的意大利行政官员,他们也融入了帝国行省的蓬勃发展之中。当然,正是这些家族日益增长的繁荣推动了边远地区经济的崛起。相对而言,作为帝国旧中心的意大利地区逐渐黯然失色。当时罗马军团打到哪里,帝国的边界就延伸到哪里,一批批移民,还有被罗马同化的当地人,通过农业繁荣撑起了帝国这座大厦。

现代西方帝国同样是由征服者和移民创造的。他们利用新占领的土地、劳动力和自然资源,发掘新的机遇。与罗马帝国相比,现代移民的规模可谓巨大。19

第二章 帝国与扩张

世纪末、20世纪初相交的几十年间是移民潮的鼎盛时期，约5,500万欧洲人移民到了"新世界"。这个过程中，既有吸引力也有推力——吸引力来自欧洲帝国开辟的土地，推力则来自欧洲本身，因为劳动力供应激增和技术变革，迫使人们与土地分离。

医疗技术进步，特别是疫苗接种的普及和公共卫生的改善，让西方人寿命出现了惊人的增长，尤其是从1870年左右开始，儿童死亡率急剧下降（见图2-1）。19世纪中期，德国的婴儿死亡率高达50%，但在随后的几十年里骤降，其他欧洲国家的婴儿死亡率一开始略低，但同样达到了令人触目惊心的约30%，其后也开始下降。不过，虽然越来越多的儿童活了下来，但家庭的平均规模需要经过几代人的调整才会变小。因此，人口统计史上出现了一个非同寻常的时期，欧洲人在全球总人口中的占比大幅增长。在历史上，欧洲人口约占全球总人口的15%（后来也大致跌落到该水平），到第一次世界大战时，地球上每四个人当中就有一个是欧洲人。与此同时，农业技术得到改进，人们可以更加密集地耕种土地，大大减少了对农业劳动力的需求。此外，在传统农业模式与新式大型农场并存的地方，比如在南欧，随着每一代人的土地进一步细分，农场的平均规模逐渐变小。结果，留在农村的人无法靠土地谋生。这时，殖民地的吸引力对许多人来说变得不可抗拒。

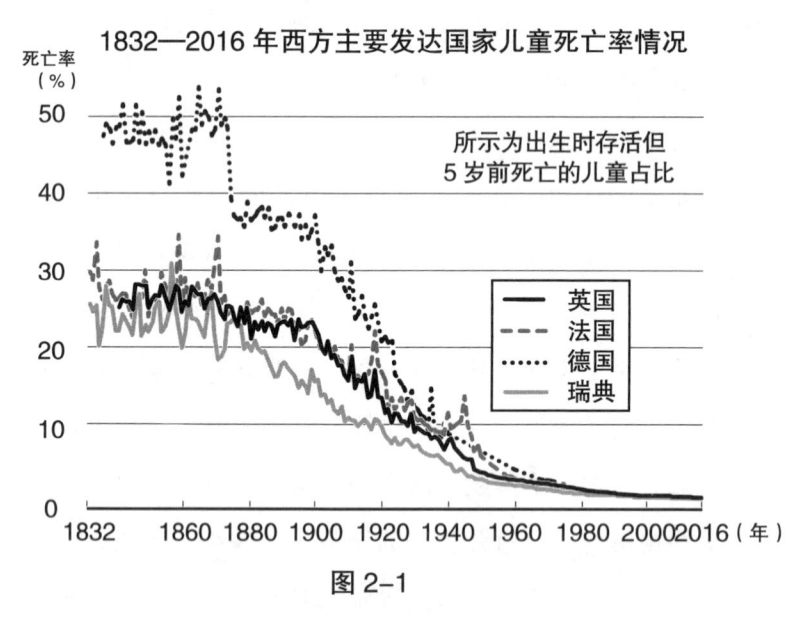

1832—2016 年西方主要发达国家儿童死亡率情况

死亡率（%）

所示为出生时存活但5岁前死亡的儿童占比

—— 英国
-- 法国
··· 德国
—— 瑞典

图 2-1

来源：Gapminder 统计软件（2017 年）以及联合国儿童死亡率估算机构间小组（UN IGME）（2018 年）

美国和加拿大等国当时的经济相对不发达，如今这些国家获得独立，渴望加速发展。他们没有局限于吸引来自帝国旧核心地区的移民，而是扩大范围，吸收来自欧洲南部和东部等地丰富的劳动力资源。其中一些移民，如奥本海默（Oppenheimer）、卡内基（Carnegie）、

第二章　帝国与扩张

洛克菲勒（Rockefeller）和布朗夫曼（Bronfman）等家族，也像范德比尔特家族一样，从贫穷移民的身份起步，逐渐积累起了巨额财富。到19世纪末，全球呈现出这样一幅景象——最富有的家族不再是欧洲皇室成员或英国工业家，而是那些在大西洋彼岸积累了巨额财富的新富豪。此外，就像古代的奥索尼乌斯家族一样，新富豪当中最显赫的家族通常会以胜利的姿态回归旧帝国中心，与欧洲贵族家庭联姻（正如范德比尔特家族所做的），获取与其财富相匹配的社会地位。鉴于欧洲贵族阶层的财富主要来自农业，当时正在走经济下坡路（至少相对而言），联姻对双方来说都算得上门当户对。

然而，大多数移民没有获得如此巨额的财富或攀上高枝，许多人甚至是被迫移民的。16世纪到19世纪，大西洋奴隶贸易迫使约1,200万非洲人登上船只。他们被运送到美洲种植园，从事甘蔗和棉花种植，数不清的人还没有到达目的地就丧命了。

这种长期的、可怕的人口流动改变了美洲的经济轨迹，进而改变了整个世界。无论自愿与否，如此大规模的人口迁移，最终导致了帝国原本的边缘地带繁荣壮大，超越了最初的核心区域。上述几大家族的历史故事有助于更深刻地理解，为什么帝国繁荣的中心在几个世纪内会发生转移，而奥索尼乌斯的六音步诗《摩泽尔》则完全展现了其中的变化过程。

两大西方帝国

　　古代文学作品会造成什么样的反响，如今通常很难找到证据，不过《摩泽尔》却是个引人注目的例外。这部洋洋洒洒的诗作，当时立即招来了一封投诉信。该信出自名门望族、罗马议员昆图斯·奥勒留·叙马库斯（Quintus Aurelius Symmachus）之手。叙马库斯之所以投诉，是因为"奥索尼乌斯没有将誊本送给他"。叙马库斯表示，自己欣赏这部作品，尽管他打趣了奥索尼乌斯提到的所有的鱼——其点评时而温和委婉，时而辛辣直接。（"虽然我经常与你在同一张餐桌吃饭，对桌上的很多其他菜肴感到惊讶……但我从未在餐桌上见过你诗中的那些鱼。"）不过，这位议员最后无奈之下偷看罗马城中其他人流传的誊本。仔细研究就会发现，奥索尼乌斯没有想着把自己的诗作誊本送给叙马库斯，并不是疏忽造成的。

　　两年前，叙马库斯曾率领元老院大使团前往摩

第二章　帝国与扩张

泽尔河谷的特里尔市。该市当时是瓦伦提尼安一世（Valentinian I）西部皇室所在地。在特里尔，叙马库斯结识了奥索尼乌斯，两人曾共进晚餐。叙马库斯当时可能对奥索尼乌斯的鱼肉菜品不太满意。这次出访期间，叙马库斯在瓦伦提尼安的宫廷上发表了几次演讲，但只有一些片段幸存下来。尽管如此，其中一篇演讲很能说明问题。叙马库斯对罗马西北边疆地区的看法与奥索尼乌斯的《摩泽尔》截然不同。他的演讲并未重点讲述该地区深受罗马文化影响的特征，而是强调了"半野蛮的莱茵河"对保护台伯河①所起到的英勇作用。叙马库斯的字里行间意外点明了奥索尼乌斯诗歌的真正意义：《摩泽尔》是高傲的高卢行省对罗马贵族傲慢态度的回应。不出所料，比起叙马库斯在特里尔宫廷的演讲，奥索尼乌斯的诗作受到了更大的欢迎。大使团将叙马库斯遣返，并打发了一个"三等伯爵"封号（这个封号听起来就很糟糕，而且更好笑的是，如果被授予皇家尊号而不使用，就会构成叛国罪，因此叙马库斯不得不永远顶着这个封号，向世人昭告自己的失败）。奥索尼乌斯则于公元4世纪70年代中期从帝国导师升至高位，

---

① 指代"罗马"，即罗马帝国文明中心。——译者注

帝国为什么衰落
罗马、美国与西方的未来

最终于 379 年担任罗马执政官。奥索尼乌斯和叙马库斯之间逸趣横生又剑拔弩张的关系，可以洞见罗马和现代西方比较史的另一个关键议题：政治发展。

像其他帝国一样，罗马帝国也始于征服。大多数被罗马征服并纳入正式统治的行省，都与帝国有过剑拔弩张的时刻，也经历过最初阶段的那种残酷，发生过大规模叛乱。公元 60 年，布狄卡（Boudicca）以风卷残云之势摧毁了科尔切斯特（Colchester）、圣奥尔本斯（St Albans）、伦敦和第九军团的一部分，这种叛乱在当时再常见不过。不过，这些叛乱通常发生在罗马统治的最初几十年内，随着时间的推移，行省及其精英人士（如奥索尼乌斯一家）的政治地位发生了彻底变化。先前被征服的行省在经济上的主导地位，正如奥索尼乌斯和叙马库斯之间的争执所表明的那样，在根本性的政治变革之后，有了相应的体现。从公元 2 世纪开始，帝国仍然是以罗马为中心、名义上统一的实体，但鉴于其庞大的规模和原始的通信方式，中央对边缘地带的控制日益薄弱。到了帝国晚期，维系帝国大厦的不再是具有支配性的中心，而是更加强大的东西：共同的金融和法律体系，这种体系建立在广义上的罗马统治阶级——行省土地所有者——共同秉持的核心文化价值观之上。

第二章　帝国与扩张

到公元 399 年，经过 400 年的帝国统治，先前被征服的居民早已适应了最初由军团铸就的崭新世界。在最初阶段，如果想在这个庞大的帝国内取得一席之地，就必须获得罗马公民身份，并加入帝国教会，这两者都要求行省精英重塑自己的文化，这样就与体面的帝国文化保持一致。到公元 4 世纪，就像奥索尼乌斯的职业生涯所揭示的那样，最有利可图的职位就是为帝国效力，因此官僚机构的大规模扩张是地方需求的产物，而不是中央集权的结果。自始至终，如果行省精英希望在罗马帝国取得成功，就要绝对接受帝国的希腊-罗马文化范式（而且是通过成本高昂的方式），结果到了公元 4 世纪，从哈德良长城到幼发拉底河，各行省都全心全意臣服，适应了征服者的拉丁语、城镇、长袍和生活哲学。甚至基督教也通过融入统治阶层的文化而得到传播，正如奥索尼乌斯和叙马库斯之间的争执所表明的，波尔多行省官员也能用拉丁诗文来教训出身高贵的议员，虽然方式是文明的。

最初，被罗马征服的国家在欧亚大陆西部发展成为庞大的联合体，这个联合体拥有基本的税收体系，用于供养军队，军队则保护帝国的法律体制，而帝国的法律体制用来确定和维护行省精英的荣华富贵，以及他们在

帝国为什么衰落
— 罗马、美国与西方的未来 —

道德和伦理层面的优越感，而这种优越感又是通过教育灌输给他们的。帝国中心甚至无力再管理整个帝国，因为这个中心与那些重要边缘地带的距离实在太远：远至欧洲的莱茵河和多瑙河，以及波斯的幼发拉底河。这一时期罗马帝国的重心"从内部转向外部"，靠近边界的地方有了新的政治和经济中心，对整个帝国进行管理。迫于现实，帝国不得不在政治层面上分成两半，东罗马由君士坦丁堡管理，西罗马由莱茵河的特里尔或意大利北部的米兰管理，但帝国的法律和文化仍然是统一的。西奥多勒斯担任执政官时，罗马仍是重要的教育、文化和象征性中心，但仅此而已。"罗马仍是神圣之地"，正如4世纪的一位评论家所说，"却不再是决策中心"。

从罗马帝国的历史还能得出一个平凡但深刻的教训。那就是，帝国并非静态的实体。它不是"事物"，而是经济和政治互相融合的动态系统。因此，任何一个长命的帝国，如果国家体系中不同要素之间的相互关系发生改变，那整个体系的结构就会发生改变，帝国本身也会发生演变。也就是说，如果经济权力的所在地发生重大变化，将迅速导致政治影响力发生相应的变化。

这种变化为我们提供了观察现代西方帝国演变的视

第二章　帝国与扩张

角。有些人可能否认现代西方帝国的整体存在，他们的依据是，现代西方帝国并非一系列征服的后果，也并非围绕某个中心大都市组建的单一实体，但我们依然不能否认西方经济增长的整体连续性。1999年，该经济体在全球GDP的占比达到了历史巅峰。尽管西方帝国的起源有时充斥着激烈的竞争和冲突——人类历史上首个真正的全球冲突发生在18世纪的一系列英法战争中——但西方国家集团之所以能在近代占据全球主导地位，其根源是贸易、资本流动和人口迁移在内部经济层面的深度融合。欧洲旧帝国中心的大量移民创造出了继承者——现代美国，因此不足为奇的是，这些帝国之间存在着重要的共同文化和价值观，这点表现在美国与欧洲精英的通婚，以及美国对欧洲文化模式的模仿。比如，范德比尔特家族将最能代表欧洲高雅文化的事物——也就是一所大学——移植到美国，并捐钱建立了一所最终以家族名字命名的学院，而且，他们希望申请这所学院的学子能流利地使用拉丁语和希腊语。

最终，现代西方帝国的共同文化——拉丁语、城镇和古罗马托加袍的现代化身，通过正式的法律、金融和制度找到了表达方式：这与公元4世纪罗马帝国行省崛起，自内而外占据帝国的经济和政治主导地位相比，有

帝国为什么衰落
— 罗马、美国与西方的未来 —

着异曲同工之妙。第二次世界大战后，美国成功登上霸主地位，以至于它可以管束那些争吵不休的盟友，主导一系列机构的创建——关贸总协定、经合组织、G7等，这些机构确立了西方政府及其所倡导原则的全球支配地位。尽管西方国家的模式在细节上有所差别（特别是在政府服务和外交政策方面），但他们围绕着一套共同的价值观团结在一起，在彼此的关系中高度合作。而负责监督所有这些事务的是领头的军事强国——美国，就像古罗马一样，负责确保帝国最远的边缘地带保持一定的连续性和稳定性。

如果将一老一新两大帝国理解为经久不衰、不断发展的帝国体系，他们的政治演变也就没有乍看之下那么不同。罗马帝国是一系列征服的结果，但经历发展演变之后，有了共享的金融、文化和法律结构，并由此变成占全球主导地位（在其自身语境下）的联邦。而现代西方世界则是通过最终合作伙伴之间激烈的内部冲突而实现的，但到1999年，也走到了与古罗马帝国殊途同归的节点：成为通过共同的法律和金融制度运作，具有重要共同价值观并自我认同的实体。

罗马和现代西方帝国的历史有两个高度相似之处：第一，在看似最繁荣的时刻，危机骤然降临；第二，从

第二章 帝国与扩张

长远来看,其内部经济和政治支配中心都发生了定期转移。这两点相似之处绝非偶然。帝国的根基如此稳固,为何会在经济与社会一派繁荣之时爆发危机,如果将目光转向外部,答案便会水落石出——因为帝国体系的运作并不以其正式的边界为限,而是超越了其边界。无论是古罗马帝国,还是现代西方帝国,鼎盛时期都从周围的世界中获得了财富。然而,这样一来,无意中改变了帝国运作的地缘战略背景,其衰落的祸根也就此埋下。 36

第三章

莱茵河以东，多瑙河以北

公元30年左右，一位名叫加尔吉略斯·塞孔都斯（Gargilius Secundus）的罗马商人从一位名叫斯泰洛斯（Stelos）的人那里买了一头牛。斯泰洛斯住在罗马帝国边境以外——今天荷兰的弗拉内克尔镇，莱茵河东岸附近，罗马人通常将来自这些地区的人视为蛮族，认为他们天生劣等。这笔交易的金额是115个银币（nummi）。人们之所以知道这件事，是因为这次交易记录刻在一块木头上，后来这块木头从荷兰的一条河中被打捞了上来。这次交易可能看起来规模很小，没有引人注目之处，但它代表了在罗马帝国欧洲边境无数类似交易中的一宗。当时，大量的罗马士兵驻扎在莱茵河边界，成为前所未有的重大经济需求来源。例如，在帝国边界的西北角，约有2.2万名罗马士兵驻扎在土著居民（被称为卡纳尼法特人）刚刚被征服的领土上，而土著只有约1.4万人。这些土著居民不可能满足罗马士兵的所有需求，如食物、饲料、建筑和烹饪所需的木材以及皮革等。一支5,000名士兵组成的军团，每天需要7,500公斤谷物和450公斤饲料。虽然其中一部分直接由罗马帝国中心供给，但这样做很不方便，后勤负担很重，因为在帝国境内，每50英里（约80千米），谷物价格就会翻一番，如此一来，付钱给当地供应商为军队提供补给，更加高效。塞孔都斯的这笔交易有两位百夫长的见证，表明他很可能为军队提供了补给。

公元9年，在条顿堡森林（Teutoberg Forest）战役中，罗马将军瓦努斯（Varus）和他的三支军团惨败——有一个日耳曼部落联盟，其部分地区曾被帝国征服，但在阿尔米尼乌斯（Arminius）的领导下，重新获得政治独立，导致罗马帝国在莱茵河东部地区的扩张逐渐停滞。在更南边，多瑙河东西方向的边界迅速形成了类似的分界线，到公元1世纪中期，以这两条河流为界，奥索尼乌斯及其众多同僚所属行省的经济和文化繁荣发

第三章 莱茵河以东，多瑙河以北

展。庞大罗马帝国的经济转型，虽然在边境以外表现出来的程度较弱，但仍然超越了边界的限制。

在更广泛的罗马帝国体系内，邻近地区的民众可以通过两种基本的方式与帝国做贸易：一是在靠近边界的地方，即边界两侧为军团提供补给，就像斯特洛斯买牛的交易记录幸存至今所揭示的那样；二是参与更远的贸易网络，将生意延伸到中欧等更遥远的地区。其中最著名的是琥珀贸易：古代沉没的林地有凝结的树脂，可用来制作珠宝，为地中海的人们所珍视。琥珀被冲上波罗的海南岸，然后通过指定的路线，往南运送到罗马多瑙河边界的几个交易点。此外，当时对劳动力的需求也持续存在。尽管军团由罗马公民组成，但军队有一半是非罗马公民组成的辅军，这些辅军可以从边界的任意一侧招募。根据铭文记录，军队招募了很多来自边界以外的士兵，他们在罗马过得富足，寿命也长，不过也有许多人退役后回到自己的家乡。除了这种自愿的人口流动，当时还有成熟的奴隶网络。与公元1000年维京人占主导的奴隶贸易有所不同，现存资料并不清楚罗马帝国时期开展奴隶贸易的是哪些人，或者奴隶通常来自欧洲哪些地方。但在婴儿死亡率高（半数儿童在15岁之前去世）而人口密度低的罗马世界，对干家务的奴隶和干农活的额外劳动力一直有着巨大的需求。

现存资料有限，我们很难像研究近代西方那样，去探讨罗马帝国的经济刺激对生活在边界之外的人们产生了什么样的影响。不过，近几十年来考古学勾勒出了更宏大的、令人印象深刻的画面。公元 1000 年初，欧洲分为三个发展明显不平等的广阔区域。人口最多、最密集的定居点位于莱茵河以西和多瑙河以南，这里的农业技术生产率更高，交流的网络更复杂。再往东是第二大区域，从欧洲中北部地区一直延伸到今天波兰的维斯瓦河（Vistula），这里的农业以维持生计为主，人口密度更低，人们的居住地更小，也更容易变动，此外几乎没有任何交流的迹象。在该区域的某些地方，只有墓地是代代相传、供人使用的人造建筑，比如几百年来，它们用于包括社交聚会在内的各种目的。农业经济在当地占主导地位，但每一块田地都无法保持长期肥沃，人们也就无法长期居住在同一个地方，社区的墓地因此成了最为恒久的聚会地点。欧洲的第三大区域属于边缘地带，位于维斯瓦河流域之外和喀尔巴阡山脉的外围地带，这里森林茂密，农业体制更为简单，人口密度较低，没有迹象表明该地存在着跨地方性的交易网络。

找到这种更广泛的规律之后，我们可以得出另外两

第三章 莱茵河以东，多瑙河以北

个观点。古代中国也能观察到类似的情况：那些依赖农业耕作的帝国，如果新领土的生产潜力低于征服带来的成本，那么帝国的扩张就会停下脚步。帝国扩张的成本效益公式基本上放之四海而皆准，不过帝国在野心的驱使下，会将军队推进到扩张成本略超过征服收益的边界。比如罗马帝国，根据某些史料，公元43年克劳狄乌斯（Claudius）派遣四个军团穿越英吉利海峡北进，意图征服不列颠。这一举动并没有什么性价比，其结局不仅是瓦努斯惨败（在接下来的10年里，军团也遭到彻底报复），而且莱茵河和易北河之间的地区相对贫穷，军团困在当地，停滞不前。此外，更重要的是，从这种广泛的规律当中，能够勾勒出罗马帝国中心三四百年来的持续经济需求，以及这种需求所引发的后续革命的规模。

罗马人可能一直将其邻居视为野蛮人，但重大变化正在酝酿之中。到了公元4世纪，在边境线之外的一大片地区，已经不再是欧洲第二大区域——中北欧原先那种勉强维持生计、注重畜牧业的农业形式，而是转变为更加注重粮食作物、更加高产的农业体制，这代表着每公顷土地能产更多的粮食。这种小规模的农业革命，反过来支持了更多的人口生存，让定居点变得更大、更稳定,剩余农产品也更加充足,而且其中一些在边境地区换成了现金和罗马商品。自公元 1 世纪末起,这个铁器时代的中欧地区首次出现了大型的永久村落。这些地区与罗马帝国的经济联系也变得更加紧密,以至于到公元 4 世纪,罗马硬币在其许多边境地区成了日常流通手段:例如,在日耳曼部落(包括多瑙河下游的哥特瑟文吉人部落)和莱茵河上游的阿勒曼尼人中,罗马硬币便广泛流通。这片区域位于罗马边境防线之外的 100 千米,在其公元 4 世纪的遗址中,发现了丰富多样的罗马进口商品,尤其是葡萄酒和橄榄油,另外还包括其他日常物品。在该地区的一些地方,甚至能看到手工制造和交换的痕迹,规模不大,但引人注目。当地的陶器工业已经发展起来,其标志是陶轮的引入。全新的非罗马玻璃工业也在边境之外发展起来,满足人们的需求。这两个行业显然是在效仿罗马,甚至可能直接借鉴了罗马的专业知识。历史文献证实,进入公元 4 世纪之后,那些并无考古学痕迹的出口物品——食品、动物和劳动力——流入罗马帝国中心,发挥了重要作用。此外,在某种程度上,为了满足罗马的需求,某些欧洲地区的铁矿石产量也显著增加。

在这场宏观经济转型的背后,有无数的小规模创新

第三章 莱茵河以东，多瑙河以北

者和冒险家，就像斯泰洛斯一样，在军团士兵前所未有的需求之下，他们抓住机会，在边境线两侧开拓出更加密集的农业实践。由于个人交易主要记录在易腐的材料上，如木材或纸莎草，所以这些个人取得成功的故事无法流传下来，但大规模的考古证据确实表明，新的财富同时涌入罗马边境线之外的多个非罗马社会，并在这些社会内部生成新的财富。此外，这些考古证据还显著表明，无论是在帝国中心，还是在边缘地带，新的财富没有得到平均分配。

人们以为，公元1000年伊始，欧洲第二大区域在很大程度上由德意志语系的人口主导，且具备普遍的社会平等特征。然而，这种观点不过是古老的民族主义神话罢了。新财富的总体影响是加剧了原有的不平等，可能还创造出一些新的不平等。边缘地带的社会精英入土时通常会穿戴生前的珠宝和配饰，而且随着时间的推移，这些珠宝配饰越来越多地由再加工的罗马第纳里（denarii）银币制成。

当时，各地区与罗马帝国接触，产生了一定的经济转型效应，但从地理角度来看，这种效应远远算不上平等。就我们所知，欧洲第三大区域，即维斯瓦河和喀尔巴阡山脉以北和以东，离罗马边界太过遥远，以至于完全没有受到经济转型的影响。这些地区几乎没有发现罗马的进口商品，当地人口也没有出现在历史资料的叙述中（尽管一些奴隶贸易网可能已经触及边境线之外的人口）。如果没有高科技的帮助，人们通常无法将该地区公元前500年和公元后500年的遗迹区分开来。罗马帝国延续千年，然而第三大区域的实质性变化微乎其微，或者可以说几乎没有。

在罗马边缘地带发展的整个故事中，与帝国中心的距离至关重要。到公元4世纪，第二大区域作为一个整体，其社会经济转型最强烈的证据——正如人们所设想的那样，在运输缓慢且成本昂贵的世界中——仅存在于帝国的内围边缘地带，其辐射范围略大于100千米，且当地民众能有效抓住经济机遇的地区。在这个内围边缘地带和第三区域未受影响的世界之间，发展出了一条外围边缘地带，延伸到离帝国边界几百千米远的地方。这一区域也出现了来自罗马的进口商品，但与内围边缘地带相比，数量较少，并且当地可能更偏向于产出奢侈物品，如琥珀和劳动力。因为这些地方离边境太过遥远，无法为军团提供补给，只有奢侈品才值得运输到更远的地方。即便如此，这一区域与帝国的联系仍然具有重要意义，也产生了明显的影响。最近考古学界在波罗

第三章 莱茵河以东，多瑙河以北

的海南部腹地发现了数百千米的堤道和道路，这些道路修建于公元初的几个世纪，据推测是为了维护和控制琥珀贸易的迅速增长（可能也包括奴隶贸易，但没有确凿证据），这个有趣的发现让人们得以瞥见当时的一些情况。考古学界一开始认为，这些道路可能是9世纪末斯拉夫人所建，但树木年轮学分析显示（根据树木年轮确定日期），这些遗迹明确指向古罗马时期。其工程规模之庞大，可以看出这些道路所服务的交通网络具有相当大的整体价值。

  罗马帝国没有任何手段能将其军团运送到世界其他地区，因此其权力以地中海周围的陆地为中心，向外扩张。这种限制还意味着，在征服模式下创建的罗马帝国，其长期运作产生了相对简单的地理模式。在公元前后几个世纪，罗马一直没有停下征服的脚步，直到把所有值得吞并的领土都收入麾下为止。在边界之内的领土，慢慢地变成帝国行省；边界之外最终演变出了一条内围边缘地带，当地的人口和帝国中心有充分的接触，产生了更密集的经济交流网络。在内围边缘地带以外的圈层是外围边缘地带，距离帝国中心非常遥远，除了值得耗费成本和精力长途运输的奢侈品之外，当地对帝国中心的其他非奢侈品需求，基本上无法满足。再偏远一点的地方,即维斯瓦河以北和以东地区,与罗马体系没有任何明显的接触。

对比来看,现代西方帝国主义的发展范畴覆盖全球,其缔造者是那些拥有海军和铁路建设能力,有本事筑起庞大帝国网络的大国,其地理模式也更加复杂。然而,仔细研究可以发现,现代西方帝国相互交织的经济结构在很大程度上与古罗马帝国相似。

"我们拥有史无前例、广袤无垠的巨大帝国"

1853年,一个十几岁的男孩离开古吉拉特邦的纳瓦萨里,前往孟买与他的父亲团聚。塔塔家族世世代代都是纳瓦萨里的帕西教神职人员,但19世纪上半叶,努瑟瓦尼吉·塔塔(Nusserwanji Tata)打破家族传统,在孟买创办了一家小型出口企业。他的儿子贾姆谢特吉(Jamsetji)被送往那里的新学校接受英语教育,这所学校后来成了埃尔芬斯通学院(Elphinstone College)。当时,这座为英国所控制的城市正在蓬勃发展——东印度公司在当地设有地区性总部,由孟买总督管辖,当地的交通网络不断改善,港口迅速扩展,成为英帝国的重要贸易枢纽。第一次鸦片战争（1840—1842年）之后，英国获得对中国数个通商口岸的控制权，塔塔家族的老一辈怀抱着雄心壮志，计划将马尔瓦地区的鸦片运往中国。

1859年，即印度爆发反对英国统治的民族大起义两年后，英国收回东印度公司资产控制权的一年后，贾姆谢特吉刚满20岁，当时他刚刚完成学业，被派往香港。贾姆谢特吉很快意识到，棉花生意赚的钱比鸦片买卖更多，于是说服父亲，调整了业务重心。1861年，美国内战爆发，联邦军封锁南部联盟港口，这一封锁让棉花业务的利润超出了父子俩的想象。美国对英国工厂的棉花供应因此中断，印度棉花和纺织品出口价格飙升，孟买的棉花收入增至原来的三倍。突如其来的巨额财富涌入，推高了印度纺织公司的股价，催生出一大批冒险投机者。

贾姆谢特吉再次行动起来，搭乘载着原棉的船只前往英国，迅速与兰开夏郡的一些纺织厂主建立起密切联系，并从对方那里更深入地了解到棉花制造工业的相关知识。此时，贾姆谢特吉天生的商业智慧得到了极大的发挥空间。与加尔各答不同的是，孟买的商业社团对印度商人开放，这促进了不同种族之间经商经验的互相传递。伦敦的帕西社区也养成了一种习惯，经常在达达拜·瑙罗吉（Dadabhai Naoroji）的家中举行非正式的社团聚会。瑙罗吉是印度民族主义知识分子当中的领袖人物，后来成为印度国大党的创始成员之一。贾姆谢特吉通过社团和瑙罗吉学到了建立人际关系的价值（良好政治关系的价值就更不用说了），毕竟要想取得商业上的成功，人脉的重要性不言而喻。贾姆谢特吉回到孟买时，成立了自己的社团，而且子承父业，其儿子也延续了同样的做法。

到1869年，贾姆谢特吉·塔塔对更广泛的纺织业务有了足够的理解，便买下孟买南部辛奇波克里（Chinchpokli）地区一家破产的油坊，将其改建为棉纺厂，等业务有了起色之后，又以可观的利润转手卖给了其他人。从那时起，塔塔家族便开始长期参与纺织制造业（而不仅仅是出口原棉），并取得了极大的成功。凭借多次冒险投资积累的资本，再加上掌握了兰开夏郡的制造技术（很大程度上是因为雇用了一批印度和英国员工），贾姆谢特吉随后在那格浦尔（Nagpur）建立起了庞大的纺织厂综合体。塔塔家族之所以选中那格浦尔，是因为这座城市靠近棉花和煤炭的供应地，土地价格较低，而且通过铁路与孟买相连。当时塔塔家族

第三章 莱茵河以东，多瑙河以北

通过旗下企业将产品销售到整个帝国，平均年利润率为20%，业务规模迅速扩大。塔塔家族接下来的两代人将业务多样化，广泛涉足钢铁、工程建设、机车制造、水力发电、石油化工、酒店、印刷、保险、水泥和航空运输领域（创建了后来的印度航空公司）。

从近代早期开始，欧洲在整个地球上扩张，随之而来的经济机遇为许多像塔塔家族这样的许多个人和家族所抓住。在现代西方帝国体系当中，英帝国无疑是最大的一个，其巅峰时期的领土范围，正如1898年加拿大

图3-1 一枚加拿大1898年圣诞邮票

一枚著名的圣诞邮票所展示的那样（见图3-1），几乎覆盖了地球陆地面积的四分之一。不过同一时代一枚法国邮票上的蓝色几乎一样多，而且早期的荷兰、西班牙和葡萄牙殖民地，或是当时被后起之秀的美国、德国、比利时和意大利所占领的领土还没有计算在内。

塔塔家族取得了巨大的成功，其故事与早期罗马帝国边缘地带非罗马公民的故事类似，不过比较一老一新两大帝国体系，会发现一些明显的差异，其中最明显的差异可以通过邮票来生动说明，那就是帝国的规模。现代西方的帝国主义是全球性的，即地球上的大部分地区都置于其直接统治之下，并以某种方式、形式或形态将几乎整个地球都纳入其经济网络。到20世纪，地球上仍有一些地区在实质上未加入帝国体系，例如亚马孙内陆的广阔地区、巴布亚新几内亚的高地以及中亚的某些地区，但西方经济力量在地球表面的触及范围之大，前人已远远无法想象。另一方面，罗马帝国是区域性的：地中海及其大部分腹地受到帝国的直接控制，从中北欧到乌克兰的一大片领土都在不同程度上被纳入其贸易网络。但是，考虑到古今的相对移动速度，这些显著差异基本上也就不存在了。按最长的对角线来算，罗马帝国的直接统治范围延伸了将近5,000千米。再加上古代陆

第三章 莱茵河以东，多瑙河以北

地上的一切移动速度大约是今天快捷运输速度的1/20，这相当于现代国家的幅员延伸超过10万千米，或者大约是地球周长的两倍半（地球周长几乎刚好4万千米）。因此，按照当时的背景来说，罗马帝国与现代西方帝国一样，是全球性质的大国。

另一个显著的不同点是，罗马帝国是连续的领土区块，由地中海盆地的各种腹地组成，而现代西方大国的领地分散在大小各不相同的区域当中。不过，这两个体系的实际运作方式存在着更深层次的相似性。从以前的殖民地地图（或邮票）来看，大片的红色和蓝色具有重要的误导性。乍看之下，塔塔家族似乎与范德比尔特家族差不多，主要区别在于后者刚起步便有了领先优势：贾姆谢特吉·塔塔刚刚开始探索棉花业务的潜力时，科尼利厄斯·范德比尔特已经是世界上最富有的人之一。然而，这两个家族的历史之间存在更深层次的区别，而分属不同的年代只是其中之一。

地图和邮票往往暗示着，帝国所有的附属领土都拥有一样的地位。比如，英帝国的所有领土肯定拥有相同的地位，因为它们标的都是红色，那些标成蓝色的法国领土也是同理。然而，情况并非如此。第二次世界大战爆发前，现代西方帝国也出现了省际和边缘地带的融合，其模式与公元1世纪至3世纪以来，罗马帝国内围与外围的融合模式非常相似。抛开地图上的红色和蓝色，从更深层次来看，帝国的融入体系实际上也是类似的三重模式：完全融入帝国体系的省份，实质上融入帝国体系的内围边缘地带，以及融入程度较低的外围边缘地带。

帝国行省与边缘地带

罗马行省在现代西方帝国的对应物——那些随着时间推移，像奥索尼乌斯这样的家族能充分参与帝国经济、文化和政治结构的地方——就是殖民地。移民通过暴力、谈判和疾病相结合的方式，占据了殖民地人口的大多数，最后还将欧洲的许多文化和制度结构引入，以至于无论他们在地理上身居何处，实际上都成为西方帝国扩张核心的一部分。范德比尔特家族在北美建造的家园就是最明显的例子。原本地方性质的社区发展壮大，其崛起程度蔚为大观，以至于到20世纪初，这个社区已经成为更广泛的西方帝国的主要经济力量。不过，英帝国所谓的"白人自治领地"（White Dominions）也

第三章 莱茵河以东,多瑙河以北

属于该类型,美国最初也是其中一员,另外还包括加拿大、澳大利亚和新西兰。到20世纪初,这些实现了自治的实体,其人均国内生产总值均超过母国,也就是英帝国。其他欧洲帝国大国没有足够多的本国人口移民到其殖民地,也没有在其任何殖民地内部产生足够的财富,让它们走上类似的长期发展路径,成为20世纪西方帝国体系的核心成员。法国确实有可能在新西兰、阿卡迪亚和路易斯安那建立长期殖民地,但到18世纪,这些地区被纳入英国统治,后发展成为加拿大和美国的一部分。[7]

到20世纪,帝国扩张核心之外的地区即帝国的边缘地带。与古代一样,帝国的不同部分可以根据与帝国直接贸易的相对价值,划分为内围和外围边缘地带。对罗马帝国而言,帝国内部的交流在很大程度上依赖陆地运输,"内围"和"外围"也可以用于地理上的描述。内围边缘地带就是距离帝国边境最近的地方:在帝国边境线之外,有一条跨度约100千米的地带,为罗马军团提供补给,同时获得大量的日常用品。初看之下,现代西方帝国体系与此迥异,因为它们的领土通过海上和(越来越多的)铁路网络相互连接,许多在经济上属于"内围"地带的贸易伙伴,从地理位置上来看,离西方

帝国为什么衰落
— 罗马、美国与西方的未来 —

帝国的核心更远，甚至比帝国当时的一些外围边缘地带还要远。例如，南亚次大陆和远东部分地区在帝国的贸易网络中发挥了更加重要的作用，而许多非洲地区与欧洲在地理上更为接近，其作用却并不如前者，但仔细查看帝国的地图，在评估边缘地带与帝国中心的接近与分离程度时，如果根据跨越特定距离所需的时间来计算（现在人们通常都这样算），而不是根据绝对的地理距离本身来计算，人们很快就会发现，到20世纪二三十年代，现代西方帝国的外围边缘地带实际上与古罗马帝国的外围边缘地带相对应。现代西方帝国的内围边缘虽然在地理位置上可能更远，不过，有了轮船和火车，比起外围边缘，它们前往帝国欧洲核心地带的所需时间却更短。

因此，实际上从20世纪早期帝国的航运和铁路时刻表更容易看出哪些是内围边缘地带，而不是地图上的红色或蓝色。在某种程度上，内围边缘地带由西方帝国正式控制的殖民地组成，或更准确地说，由这些殖民地的特定地区组成。印度的棉花、南非的金子、英属东非的茶和咖啡、远东的橡胶以及加勒比地区的糖：为了满足西方的需求，这些商品统统供不应求，而且其中许多是在帝国正式控制的领土上生产的。内围边缘地带的其

第三章 莱茵河以东,多瑙河以北

他部分保持政治独立,但其经济活动的重要定位同样是为了满足帝国的需求。在全球某些地区,这种经济融合是通过枪炮镇压的方式实现的:日本从未沦为西方帝国的正式殖民地,但在19世纪,它们的市场和自然资源在"炮舰外交"的武力压迫下开放,原因就是西方帝国经常使用蛮力,将自己的意愿强加于军事实力较弱的国家。

要定义这两种领土是否属于内围边缘地带,靠的是航线和铁路。20世纪初的几十年,连接全球的港口网络形成,每个港口都有其战略地位——为那些拥有丰富产品、能够满足帝国所需的边远地区服务。最初,这些港口通过河运系统与内陆地区相连,但从19世纪下半叶开始,越来越密集和方便的铁路网络开始承担更多的运输业务(贾姆谢特吉·塔塔之所以能够在孟买以外的地区建造棉花厂,便是得益于此)。

与罗马帝国情况相同的是,现代西方帝国内围与核心地区的贸易总价值(按比例计算)超过了外围边缘地带,并产生了足够多的新财富,能启动重大的社会经济变革进程。欧洲移民希望能抓住殖民地诸多的机会发财致富,对经济变革也起到了一定的推动作用。在很大程度上,这些移民集中在城市的商业和行政中心,特别是

帝国为什么衰落
— 罗马、美国与西方的未来 —

欧洲帝国占领的地区，例如肯尼亚的白人高地（White Highlands）或西印度群岛和荷属东印度群岛的种植园。但与那些按计划发展成为正式行省的殖民地不同，欧洲移民在这些地方的占比从来都是少数。

相反，内围边缘地带绝大多数的生产任务由当地土著承担，他们有时受到价格的激励和商业机遇的吸引，加入向帝国出口商品的经济体系。现代版本的斯特卢斯（Stelus）不仅包括努瑟瓦尼吉和贾姆谢特吉·塔塔等杰出人物，还包括数以百万计、无名无姓的个人，除了他们的家族之外，几乎无人记得。他们为了寻找新的机会，也曾移居帝国的内围边缘地带。而当地土著当中很多不幸的人根本没有选择的权利。许多殖民地政权实行强制劳工法，为修建铁路和公路等公共工程项目补充劳动力，此外有时也会将这些劳工输送到欧洲农场（法属西非就是这样做的）。当然，美洲的种植园经济长期依靠奴隶制，甚至在奴隶制正式废除之后，除"奴隶制"的名称没有保留之外，奴隶制本身几乎原封未动，尤其是在刚果的橡胶种植园中。殖民地税制要求以帝国货币支付税款，这样可以迫使生产者将生产瞄准帝国市场。荷属东印度的种植园部门使用的就是这种体系，而在英属和法属非洲，土著需要缴纳棚屋税和人头税，以充当

第三章 莱茵河以东，多瑙河以北

殖民地的行政费用，支持帝国货币（因为所有的税收都会存入母国的中央银行）。

随着时间的推移，这种自愿和非自愿的经济参与紧密组合在一起，大大改变了内围边缘地带的人口和财富分配，许多欧洲人和少数土著商人（如塔塔家族）获得了财富。除此之外，两次战争期间还出现了一个更大、更引人注目的结构性变化，那就是人口迁移。在印度，孟买等城市的人口到19世纪中期每十年就会翻一番，种植鸦片和棉花的内陆地区则吸纳了大量的劳动力。越来越多的人口迁往靠近沿海港口或与内陆生产区相连的河流和铁路网络附近，帝国的所有内围边缘地带都出现了类似的人口迁移现象，包括英帝国在亚洲的条约港口、法国在非洲的殖民地以及加勒比地区的种植园类型的殖民地。

相比之下，外围边缘地带的特点是：与核心经济体系的直接贸易量较小。这些地区缺乏帝国生产者渴望的资源或市场，或者缺乏相应的生态系统，帝国管理者无法开展大规模的出口作物种植，因此即使处于正式的殖民统治之下，也难以吸引投资，用于运输基础设施的建设，在地理上也就相对孤立。在大部分外围边缘地带，大多数人很少或从未遇到过白人，哪怕他们的家园在地图上被涂成了红色或蓝色。尽管如此，在帝国贸易网络逐渐变得更加密集的过程中，生活在外围边缘地带的许多人仍然发现自己的生活方式在很大程度上得到了重塑。

内陆城镇通常缺少通往欧洲和北美出口贸易的便捷通道，因此逐渐荒芜。举一个极端的例子，法国沿海岸线重新定位道路和铁路沿线贸易时，古代的廷巴克图（Timbuktu）从经济富裕、人口众多的跨撒哈拉贸易中转站，几乎变成了灭绝之地。这座城市曾经是巨大的商业网络中心，经济非常富有，如今在西方却成了偏远到极致的代名词。一般而言，即使在地理上没有被吸纳进内围边缘地带，外围边缘地带的农产品生产者有时也会向内围的消费者供应粮食作物，尤其是当后者将生产转向出口农作物或完全放弃农业，失去完全自给自足的能力时。像上沃尔特①或马里这样的殖民地领土，还有不丹和莱索托等名义上独立的国家，甚至印度的大片地区，在第二次世界大战之前，社会和经济组织几乎没有发生变化，它们实际上都属于帝国的外围边缘地带。不丹和英属印度之间有少量的交流，上沃尔特、马里和莱

---

① 布基纳法索的旧称。——译者注

第三章 莱茵河以东，多瑙河以北

索托的许多劳工都选择了迁移，迁到与全球经济联系紧密的邻近地区，在那里的农场和矿山安了家。外围边缘地带的总产出和人均收入有时因这种贸易而上升，但通常远远不及内围边缘地带，而内围边缘地带的增长幅度又不及帝国各行省。

因此，大多数边缘地区——包括内围和外围——在1939年之前，经济转型的过程要慢得多，其速度不及西方帝国的各个行省。实际上，这三种类型之间的边界可能会波动，而且并非始终与地图上绘制的边界完全对应。同一司法管辖区内的不同地区可能分属于内围和外围，印度的情况便是如此。可以说，南非包含了帝国体系的全部三个元素：大规模白人定居的区域和主要城市属于行省级别的核心地区，一些采矿和农业出口区域属于内围边缘，1948年后实际上充当种族隔离经济劳动力储备的一些地区属于外围边缘。然而，正如罗马的几位邻居那样，对帝国经济任何程度的融入都会对相关方产生了革命性的影响。

在某些情况下，这种融入总体上产生很大的负面影响。中国被迫向西方开放之后，其经济反而出现倒退。整个19世纪，英国人均收入增长了一倍以上，中国人均收入却下降了十分之一。即使19世纪后期和20世纪初，中国有些个人的财富仍然在增长，但总体结果是整个国家陷入长达一个世纪的危机。但这种绝对下降并非内围或外围边缘地带正常宏观经济的结果。相比中国，印度更具代表性。其经济出现增长，只是增长速度比帝国体系的核心行省要慢。这样一来，像塔塔家族这样足够精明和能干的人便有了新机会，但印度的整体经济相对于"母国"而言下降了，英国东印度公司的达官贵人全面掠夺新领地，抢了当地人的珠宝玉石和其他可移动的财富，构筑起巨大的个人财富（他们在家里建造的乡村庄园中塞满了大部分赃物）。然而，外围边缘地带的长期经济发展具有非常重要的意义，其重要程度远远超出本地企业阶层有限的崛起，也远远超出当时人口和生产模式重构的意义。任何重大经济变革，其效果可能并非立竿见影，但在社会财富重新分配之后，都必然会产生深远的政治影响。

第四章

金钱的力量

1973年9月11日清晨,一辆车在圣地亚哥的街道上飞驰而过。就在这之前,智利总统萨尔瓦多·阿连德(Salvador Allende)接到一个电话,对方称瓦尔帕莱索港发生了海军叛乱。阿连德给陆军指挥官奥古斯托·皮诺切特(Augusto Pinochet)将军打电话询问情况,对方说他会调查情况,并回电话。短短几分钟的沉默足以让总统意识到,皮诺切特不会回电话。阿连德急忙通知盟友发生了政变,并赶往总统府。

总统阿连德试图建立乌托邦式的智利,但这个想法一直充满风险。在1970年的选举中,阿连德只获得了三分之一不到的选票。按照智利的选举制度，这些选票足以让他当选总统，但他手里的权力有限，国会也不太友好，支持他的人只有少数。阿连德继承的经济体并不弱，但没有为他建设新的"耶路撒冷"提供足够的支持，国内通货膨胀持续攀升，经济增长稳健，但算不上瞩目。为了发动改革，阿连德最初的慷慨支出计划带来了短期的繁荣，但到了1973年，智利的经济便陷入困境。国内生产下降，通货膨胀飙升，罢工不断爆发，排队买面包的人逐渐增多。尽管局势令人担忧，民众不满情绪上涨，但智利的军队仍坚守传统的职业操守，没有像其他拉丁美洲的将军那样干政。最终推动皮诺切特采取行动的是美国的支持。

当然，美国总统对共产主义没有好感，理查德·尼克松（Richard Nixon）憎恶与共产主义有关的一切事物。20世纪60年代末，前智利政府启动了一项戏剧性的社会改革计划，包括重新分配土地，对美国拥有的一家铜矿业进行部分国有化。这些举动考验了尼克松的耐心，但只要智利继续与西方保持一致，华盛顿都能默默忍受。然而，阿连德却得寸进尺越了界。他不仅在不再赔偿美国利益的情况下完成国有化进程，还威胁要将智利转向苏联阵营。对华盛顿来说，这些举动实在太过分

第四章　金钱的力量

了。1959年古巴革命令美国失去重要据点，他们至今仍为此感到痛苦，因此绝不允许自家"后院"出现第二个社会主义国家。于是，美国秘密资助反对阿连德的政治家和媒体，对智利军方施压（美国情报机构在智利军方找到了愿意归顺的军官），还鼓励对圣地亚哥政治圈层首轮政变传闻作出回应，这一连串动作表明，美国乐于见到阿连德的垮台。

9月11日晚些时候，阿连德以身殉职。皮诺切特掌握了军事政府的领导权，统治智利长达17年。尽管美国中央情报局（CIA）参与了推翻和处决阿连德的行动，并引发了全世界自由派的愤怒，但尼克松政府的行动并没有超越西方帝国主义权力触须的既定范畴。第二次世界大战结束后，19世纪末和20世纪初的炮舰外交基本上被新型的统治方式所取代。原因在于，许多发展中国家在经济上高度依赖新的西方帝国，通过不那么明目张胆的入侵手段，西方阵营的领导人，尤其是美国，可以施加巨大的影响力。对那些不听话的政府，西方帝国有一整套法子来对付它们：切断援助，阻挠贸易谈判，支持他们在国内的敌人，对领导人实施旅行制裁，冻结银行账户等。如果这一切还不够，那么就像智利一样，采取秘密的敌对行动，扶植更加顺从的政权上台。

第二次世界大战后,西方帝国的边缘地带有一长串统治者,萨尔瓦多·阿连德只是其中之一,此外还有伊朗的穆罕默德·摩萨台(Mohammad Mossadegh),危地马拉的哈科沃·阿本斯(Jacobo Arbenz),如果这些领导人太过强硬,威胁到西方霸权,就会被废黜。还有很多其他国家的领导人,他们对这些事件一清二楚,但他们不愿与西方为敌,而是选择成为西方阵营的可靠盟友或代理人,或者积极争取西方赞助,缓和最初的敌意,例如菲律宾的费迪南德·马科斯(Ferdinand Marcos)和扎伊尔(现刚果民主共和国)的蒙博托·塞塞·塞科(Mobutu Sese Seko)。所有这些都与罗马帝国晚期控制其内围边缘的方式有着惊人的相似之处。

切诺多玛与马克里安努斯

公元后最初的三个世纪内,罗马帝国的莱茵河和多瑙河以外地区的居民利用自己的部分新财富进口了各种各样的罗马商品。贸易往来是这种财富的来源,但并非唯一来源。几个世纪以来,成千上万的士兵从罗马军团退役,带着自己的储蓄和退休金回到家乡。而对更上层

第四章　金钱的力量

的社会阶层来说，罗马皇帝会系统性地发放外交补贴，拉拢愿意按照罗马利益统治自己领土的藩属王。这些笼络人心的物品在文献中被称为"年度礼品"，有时以精美服饰、具有异国情调的食品以及现金支付的形式出现，其中一些藩属王会将这些钱用来巩固他们国内的政权。在私底下的经济领域当中，掠夺也很普遍（有时很可能由同一位藩属王授意，他们完全有两面三刀的本事）。尽管边境以外的地区有所扩张（参阅第三章），但罗马经济仍然比野蛮的边缘地带发展得更为显著，产品也丰富多样，因此成为内围边缘地带贪婪之人极度渴望的目标，毕竟跨越边境对他们来说易如反掌。1967年，人们在罗马城市斯派尔（Speyer）附近的莱茵河挖掘砂石，发现了一座罗马别墅被抢劫的财富。公元3世纪末期，一些掠夺者劫掠了这座别墅，并试图将战利品装在马车上，用竹筏运回河对岸。但这些马车最终倾覆，而且很可能是被罗马的巡逻船击沉。令人震惊的是，马车上装了700公斤的赃物，掠夺者估计把能找到的所有金属制品都装上了车：不仅有银餐具，还有大量的厨房用具，包括51口大锅、25个碗和盆以及20把铁勺，更不用说别墅的所有农业设备了。在边境的另一头，每一件罗马金属制品都可以重新利用或回收，掠夺品总是能派上用场，金属也一直供不应求。到了公元 4 世纪，这些与罗马世界财富产生的联系，无论是通过和平方式还是其他方式，300 年来一直有增无减，它们对罗马邻国产生的革命性影响变得愈加明显。

公元 357 年，阿勒曼尼联盟的一帮武装追随者，在野心勃勃的至高首领切诺多玛（Chnodomarius）领导下，与西罗马恺撒（年轻的皇帝）朱利安的军队在今天的斯特拉斯堡（Strasbourg）附近发生正面冲突。阿勒曼尼人占据了莱茵河上游和多瑙河上游边界之外的一片土地，这片土地原本由当地的一些王子统治，切诺多玛则在此之上建立了一定程度的霸权。公元 4 世纪 50 年代初期，切诺多玛利用帝国内战推进自己的扩张计划，夺取了罗马边界线一侧的土地。随着战斗打响，切诺多玛率领 35,000 名士兵，跟朱利安麾下的 13,000 名士兵交战，但阿勒曼尼人遭到灾难性打击。切诺多玛和扈从一起被俘，其手下大约有 6,000 士兵在战场上丧生，许多士兵在挣扎着退回莱茵河对岸时被击倒。据报道，罗马仅损失了 247 人。考虑到罗马统治者名字的相似性，就算人们认为自尤利乌斯·恺撒以来的 400 年什么都没有改变，也情有可原。尤利乌斯在公元前 1 世纪写的《高卢战记》（*Commentarii de Bello Gallico*），记载

第四章 金钱的力量

了很多一边倒的对抗，这些对抗对罗马的敌人来说，结果同样是灾难性的。然而，公元4世纪的这场战斗之后所发生的事情，清楚地表明了罗马之外的世界发生了多大的变化。

在公元前1世纪，甚至公元后，这样的失败都会导致敌对联盟的彻底覆灭。比如日耳曼苏比国王阿里奥维斯图（Ariovistus），此人曾是罗马的盟友，但公元前58年被尤利乌斯·恺撒击败，联盟完全崩溃，作为领袖的阿里奥维斯图从此销声匿迹。即使取得胜利，这个时代之下的日耳曼联盟也往往会落得解体的命运。公元9年，切鲁西首领阿尔米尼乌斯（Arminius，德语作赫尔曼）组建了一个联盟，埋伏并摧毁了位于条顿堡森林的三个罗马军团及其辅军——总人数超过2万人。尽管取得了惊人的胜利，但阿尔米尼乌斯的联盟迅速瓦解，他本人也遭到背叛并被杀害。早期讲日耳曼语的世界普遍政治不稳定，其根本原因并不复杂。他们在欧洲中北部占据的地盘较小（公元初年时，位于欧洲第二大区域），到公元1世纪，这一片容纳了50—60个不同的政治单位。正如这个数量所示，每个政治单位都很小，其中许多不受强大中央领袖（"国王"）的控制，而是由更松散的酋长会议管理。这说明该地区的经济普遍落后，建立大规模、稳定的政治权威是不可能的。当地人可以组建联盟，然而一旦实现眼前目标，无论胜败，它们注定都会分崩离析。

到了公元4世纪中期，即使像斯特拉斯堡战役这种明显灾难性的失败，也远远不会导致阿勒曼尼联盟的终结，他们很快就能重新组织政治力量，准备投入下一场战役。不到十年间，即公元364年的沙隆（Chalons）战役，一支规模庞大的阿勒曼尼军队又跟罗马军队发生了冲突。这次罗马军队的伤亡虽然更严重（1,100名罗马士兵丧生），但仍然取得了胜利。不过，阿勒曼尼联盟还是没有覆灭，并在这十年间的后半段诞生了另一位杰出的首领——马克里安努斯（Macrianus），此人很快给罗马帝国带来了巨大的军事和外交压力。不过，阿勒曼尼人并非个例。在更远的东部地区，即多瑙河口，情况也是如此。此地有一个大规模的政治联盟，由哥特瑟文吉人领导，控制着罗马防御线以外的地区。公元3世纪头十年，瑟文吉崭露头角，公元332年遭到罗马皇帝君士坦丁（Constantine）重创。不过，战败同样没有导致这个联盟的解体。在同一王朝一系列领袖的领导下，瑟文吉仍是该地区的主导力量。罗马帝国晚期的整个内围边缘地带，也明显能看到同样的整体变化。公元前和

第四章 金钱的力量

公元后头几个世纪，原本纷繁复杂的酋长和议会退出舞台，让位给了数量更少、力量更强更持久且拥有强大中央领导的政治联盟。

几个世纪以来，边缘地带与罗马帝国的互动发生转型，由此积累的财富以及人口增长，带来了更广泛的政治稳定性。但证据表明，与帝国的接触对政治转型的推动作用体现在某些更具体的方面。公元4世纪，在古代日耳曼语系的各分支当中，讲日耳曼语的人在罗马帝国欧洲防线上的大部分地区占据着支配地位，原本政治领导层的词汇更加强调共识，如今却被军事指挥相关的词汇所取代。统治者曾经的头衔意味着民众首领，现在则变成了"军队领袖"。我们有充分的理由认为，这并非巧合。

1955年，一些丹麦工人在石勒苏益格（Schleswig）北部的艾斯博尔摩塞（Ejsbol Mose）修建排水沟，在其中一小块区域发现了600件金属物品，数量之多，令人惊叹。在此后的九年，经过对1,700平方米区域的挖掘，考古学家发现了几个不同的沉积层，确认这里曾经是浅水湖。其中规模最大的出土物品是约公元300年的一套组成完整、装备齐全的军事器材。这支军队包括大约200名长矛手（挖掘者找到了193支带刺的标枪头，还有 187 个刺矛尖头），其中约三分之一还配了剑（出土了 63 套腰带、60 把剑和 62 把原本用腰带固定的刀子）。起初，挖掘者以为自己发现了世界上已知最大的罗马剑储藏地，但实际情况更加有趣。其中一些剑是进口的，但大多数都是当地制造商直接模仿罗马制造商的作品。

这一发现以及类似的其他发现表明，与帝国接触创造出来的新财富，并没有平等地分给居住在边缘地带的人们。相反，与帝国长期互动，让特定群体聚敛了更大的财富，掌握了更先进的军事技术。外交补贴、对贸易货物征收的通行费、提供军事服务获得的薪酬、奴隶贸易的利润（需要动用武力），甚至是跨边境掠夺的战利品：所有这些新财富都不成比例地流入了那些拥有军事能力的人手中，尤其是在内围边缘地带，不过外围边缘地带在某种程度上也是如此。新财富让这些人有资本雇佣更多的战士，购买更优越的装备，从而掌握进一步发展军事潜力的各种手段。

这些发展加强了欧洲中北部社会的一些现有特征。罗马军团抵达欧洲野蛮地区的大门时，罗马人口中的这个欧洲野蛮角落已经高度军事化，毫无平等主义的影子。不过，罗马财富有了新的流动，让特定领导人能够

第四章　金钱的力量

利用相关机制，通过内部竞争和旷日持久的军备竞赛，建立更持久的权力结构。公元4世纪，罗马边境地区那些规模更大、存续更久的联盟当中，这种特征显而易见。有时，竞争会导致残酷的结果。艾斯博尔摩塞发现的装备在被扔进湖中之前全被打碎了，就像仪式祭祀的祭品一样，调查人员因此（合理地）认为，拥有这些武器装备的人可能也落得类似的命运。但也许更常见的情况是，竞争性对抗导致新联盟的形成，在公认更强的邻国对手面前，较弱的一方俯首称臣。

这层逻辑关系非常简单。史料中记载的新联盟，都是曾经分散的军事领袖之间的联盟。在这种关系之下，许多地位较低或者较年轻的领袖能保持一定的权威，并保留对自己军队的直接控制。尽管如此，边缘地带与罗马帝国的接触方式发生转型，其整体政治效果是戏剧性的——某些群体有本事从罗马世界获取新财富和先进军事装备，在他们的推动之下，产生了相互强化的军事和中央集权化过程。因此，到公元4世纪，罗马帝国与内围边缘地带的关系发生重大变化，不再以早期的武力外交手段为主。

公元3世纪，新的联盟首次出现，当时它们的侵略野心和出众的军事力量给罗马帝国造成了一些直接损失。那个时期的不列颠北部和比利时遭到严重破坏，以至于到了公元4世纪的黄金时代，这两个地方的人口密度也没能恢复。罗马别墅的规模较大，且没有防御，如果边境线出现任何安全缺口，这些别墅每次都会首当其冲，成为敌对联盟的打击目标。而这些农业庄园一旦停止运作，受影响地区的经济也会出现局部瘫痪。更具战略意义的是，这些联盟的军事能力更强，会迫使罗马调整其欧洲边界线。一些地区原本可以变成罗马行省，结果罗马的士兵和行政机构被撤回，这些地区也就被抛弃，成了内围边缘地带。损失最大的是多瑙河以北的特兰西瓦尼亚达西亚（Transylvanian Dacia），而罗马不列颠北部哈德良长城以外的地区也被放弃，阿格里狄古马特（Agri Decumates）地区也面临同样的命运，该地区位于莱茵河上游和多瑙河之间，被阿勒曼尼人占领。新联盟不断施加军事压力，罗马帝国不得不放弃这些领土，不过每次放弃，最后一步似乎都是有计划地撤回罗马士兵和行政官员。

同时，内围边缘地带的新联盟也有了一些用武之地。公元4世纪，罗马帝国常常依赖这些联盟的军事作战能力：在罗马帝国对波斯的三次战役中，哥特瑟文吉部落的联盟军曾独自作战。此外，在西罗马几位皇帝的

第四章 金钱的力量

征召下,莱茵河阿勒曼尼人和法兰克人的类似战斗团体也曾参战。不过,罗马帝国需要向这些盟友支付费用(占主导地位的军团因此掌握了更多财富),好在服役的士兵人数不多,比起另外雇用罗马士兵,也便宜得多,因为这些人打完仗就返乡了。虽然新结成的几个联盟军事和政治组织能力都更强,但罗马帝国在公元4世纪做了一些必要的调整,依然得以保持其统治地位。

新组建的联盟当中,没有哪个有足够的实力直接对抗罗马帝国,因此都像切诺多玛一样,付出了惨重的代价。即使这些雄心勃勃、武将出身的至高领袖有自己的政治议程,跟罗马的紧张关系时不时就会升级,但像斯特拉斯堡这样的大规模军事对抗仍然很少见。跟罗马对着干会有什么后果,这些在边境的联盟和团体心里一清二楚,他们往往都不会把抵抗变成公开对抗(尽管他们会怂恿发动一些非法袭击,从中渔利)。因此,从一般意义上来讲,罗马帝国晚期欧洲边界的关系后来走上了不同的轨迹。罗马帝国晚期,即公元3世纪和4世纪,基本上每一个政治周期(大约每25年),罗马皇帝都会发起大规模远征,跨越欧洲边境线的四个主要部分(莱茵河下游、莱茵河上游、多瑙河中游和多瑙河下游)。一些邻国时运不济,被这些远征军的铁蹄踏过,他们的房屋在恐怖活动中被烧毁,当地的居民被围捕,卖身为奴。只要秀出这种强大的军事力量,当地的武将通常都会俯首称臣。接着罗马皇帝再趁热打铁,利用军事威慑力的巅峰时刻,从罗马利益出发,调整当地联盟的政治形态。罗马帝国会把身份地位较高的人质强行带回朝廷,让他们接受罗马教育;跟罗马站在同一阵营的人,帝国会跟他们开展有价值的贸易,每年提供外交赠礼和补贴。这些举措延长了新定居点的预期寿命,那些归顺的人也就有了充分的理由来维护这种安排。在接下来的几十年里,这种胡萝卜和大棒结合的方式基本上维持了边界的广泛和平。与此同时,要是哪位国王太过雄心勃勃,就会遭到绑架,或者成为有针对性暗杀的对象(让人不禁想起萨尔瓦多·阿连德的命运)。

然而,这种政策并非一劳永逸。胡萝卜和大棒结合虽然有用,能将边境的袭扰降到最低限度,但并没有完全消除威胁。不同的罗马皇帝有时为了实现自己的政治议程,会随意改变政策的组合。公元4世纪60年代初,瓦伦提尼安一世(Valentinian I)希望对蛮族亮出强硬态度,单方面降低了对阿勒曼尼人的年度补贴,还在对方原本不同意的地方修建堡垒。此番操作的结果是,尽管皇帝朱利安打完斯特拉斯堡战役,刚刚征服了莱茵河

第四章 金钱的力量

上游的边境地区（且达成了想要的目的），但边界暴力事件此时严重爆发。此外，外部事件也可能迫使皇帝改变立场。公元4世纪60年代末，让瓦伦提尼安一世最担心的是，莱茵河上游地区涌现出了新的阿勒曼尼至高领袖：马克里安努斯。皇帝本来想派人暗杀这位领袖，但没有成功，后来又派特别小组绑架对方，也无疾而终。祸不单行，罗马边界的另一区域也爆发严重骚乱，瓦伦提尼安一世被迫改变策略——邀请马克里安努斯到莱茵河的一艘船上参加峰会，双方达成协议：瓦伦提尼安一世承认马克里安努斯作为阿勒曼尼的至高领袖，并向他提供有利条件，作为回报，马克里安努斯不再侵扰罗马边界，而是将扩张野心转向北边的邻居——法兰克。

不过，这些都是小插曲。新的军事政治联盟迫使罗马帝国普遍转向操纵型外交政策，不过罗马还是保住了支配地位。帝国边界的君主希望自己的地位能尽量拔高，但很少有人敢直接跟罗马硬碰硬。因此，边缘地带的发展对帝国的主导地位带来了一些限制，但并没有扭转局面。甚至雄心勃勃的马克里安努斯都对瓦伦提尼安一世的特殊安排感到非常满意，以至于他在余生中一直都是罗马的可靠盟友。罗马帝国对权力行使方式的调整，在跨越千余年之后，随着20世纪的到来，又有了新的轮回。

印度及非洲之外……

18世纪晚期和19世纪，新兴西方帝国所特有的君主统治受到新思潮的挑战，并在一定程度上被颠覆。这种新思潮认为，权力并非自上而下，而是自下而上：即权力来自人民，人民构成国家。在这种主张的影响下，美洲的许多殖民地居民迅速摆脱英帝国（以及西班牙和葡萄牙）的控制，法国也爆发了反抗君主的大革命。随后，民族主义成为意识形态上的正当理由，引发了整个19世纪和20世纪早期欧洲各地的政治动荡，并在欧洲帝国边缘、处于殖民统治之下的诸多边缘地区占得一席之地，英帝国皇冠上的明珠——印度就是其中最明显的例子。

欧洲的帝国主义总是会引发当地抵抗，它在19世纪的大规模扩张也不例外。祖鲁战争、苏丹马赫迪起义、义和团运动、荷属爪哇蒂博尼哥罗战争以及西非萨莫里·图雷（Samory Toure）反抗法国的斗争，民族主义运动可谓风起云涌：这些起义总是会造成损失，有时

第四章 金钱的力量

甚至是严重损失，但它们的命运与英格兰布迪卡反抗罗马统治的命运差不多，失败的原因也大同小异——反对帝国扩张的力量相对较小，技术发展不够成熟，行政能力较弱，因此他们的失败不可避免，不过在此之后，前殖民统治精英通常逐渐淡出政界，被那些成功掌握帝国实践与技术，有时还掌握了欧洲核心文化和艺术的新团体，尤其是国家独立的呼声所取代。

19世纪后期，印度出现早期的民族主义运动。跟其他地方类似，印度的民族主义也起源于当地的俱乐部和沙龙（在某种程度上是对殖民地模式的效仿）——当地中产阶级的聚集地。就像罗马帝国内围边缘地带的许多领土一样，英属印度也拥有数量众多的欧洲定居者和管理人员，但这部分人员在总人口当中的比例极小，仅占政治权力金字塔的尖点，并且几乎由当地招募的人员担任。从经济角度来看，要将整个殖民地的管理机构从"母国"搬到印度，无论人力物力财力，其成本都属于无法承受之重。为了节约成本，英国只派遣最高级别的官员和军官到印度，其他工作人员和中层管理人员都从当地招募。于是，英国只用了4,000名文职公务员，便统治了3亿印度人，而法国甚至只用了十名官员，便统治了非洲西部内陆地区的几百万民众。因此，英帝国一

帝国为什么衰落

— 罗马、美国与西方的未来 —

开始的统治地位是通过暴力和恐吓建立起来的,为了维护这种地位,英属印度的行政机构,就像殖民地大部分地区的大多数帝国行政机构一样,建立起一种行之有效的种姓制度,地位和权力的巅峰都只为欧洲人所保留。他们复刻了一些"母国"的机构,比如散落在孟买的俱乐部和学校,甚至偶尔吸收当地的精英成员加入其行列。但在殖民社会,人们从来没有对真正的权力中心产生丝毫怀疑。

起初,孟买商人对刚刚兴起的民族主义议题保持安全距离。这些议题大多由印度不断壮大的中产阶级知识分子主导,他们在一定程度上与本土的高层行政人员重叠。印度商界的大多数群体之所以保持务实态度,对正在酝酿的民族主义事业几乎没有意识形态上的承诺,是因为他们是帝国贸易网络的获利者。当时的塔塔家族是孟买最具活力和最为成功的家族之一,他们也同样没有给出承诺。尽管贾姆谢特吉·塔塔与印度国民大会党运动的一些关键引领者和组织者有着密切的个人关系,但他本人在政治舞台上十分低调,并且愿意与殖民地行政机构合作。塔塔家族在英帝国圈层发展壮大,以至于他本人和儿子都光荣地进入了帝国的中心:多拉布吉(Dorabji)前往剑桥大学求学,后来与他兄弟拉坦

第四章 金钱的力量

(Ratan)一起受封爵位。

不过从长远来看,塔塔家族的政治地位更像公元4世纪罗马帝国内围边缘地带的藩属王,这些藩属王的孩子经常被送到帝国宫廷当人质,而不是像奥索尼乌斯或范德比尔特家族那样,无缝地融入帝国统治阶层。藩属王的后代会接受罗马式教育,并受到一切可能的礼遇,不过前提是当前的外交安排仍然有效。此外,与奥索尼乌斯或范德比尔特家族不同的是,这些后代不可能与帝国上层社会联姻(无论是阿勒曼尼的王子,还是塔塔家族,都没有这个可能),正如后来事态发展所表明的,他们只有在不威胁那些更接近帝国权力中心的利益时,才会被帝国接纳。

到19世纪末,在兰开夏郡的纺织厂主看来,孟买的纺织厂主已经变成潜在的竞争对手。因此,印度商界的成员原本以为,在伟大的英帝国体系内,自己是帝国一视同仁的臣民,结果却发现有些"英国人的特性"始终可望而不可即。例如,1894年贾姆谢特吉·塔塔首次流露出民族主义情绪。当时,英国对印度棉花征收关税,他向同事时常抱怨(尽管只是私下抱怨),"虚伪的帝国主义只关心英国人"。

尽管如此,在接下来的几十年里,对国内民族主义

帝国为什么衰落
罗马、美国与西方的未来

运动抱有更大热情的，仍然是印度的知识分子和公务员，这是由于当时的政治权力仍由"母国"的官员占据，这些群体难以直接施展个人抱负。民族主义运动的领袖跟帝国没有实质性的商业利益瓜葛，更愿意尝试激进的意识形态，印度国民大会党也不例外。该党吸引了相当一部分社会主义人士，第一次世界大战后被引向土耳其国家主导的资本主义和苏联的计划经济模式。随着国大党变得越来越激进，孟买商业阶层在殖民政府的鼓动之下（该殖民政府正在竭力争取朋友），减弱了对该党的支持。20世纪30年代，当时一些保守派领袖与印度的知名商业家族更为亲近，在这层关系的部分影响之下，国大党再次淡化社会主义言论。恰逢此时，帝国政府加大对兰开夏郡纺织厂主的贸易保护政策，化解他们因大萧条而陷入的困境。结果这个巧合巩固了印度商界和国大党之间的联系，二者的美好友谊从此开始。一方面，国大党的政治活动可以获得商界支持，另一方面，商界则期望着，国家独立之后自己能做主，制定相应的工业政策，让商人受益。

　　印度拥有古老的文明和强大的本土文化传统，特别是印度商界，在帝国统治之下积累了一定的利润，能够在早期产生有效的民族主义运动，但这种运动的基本

第四章　金钱的力量

规律并没有变。20世纪中叶，欧洲旧帝国大片地区爆发新一轮的反殖民主义运动，并经常有这样的特征——主要参与者均来自当地的专业阶层，其中许多都是受过教育，但在政治结构中居于次要地位的公务员和管理人员，他们想要突破无形限制，晋升到权力的顶层。与此同时，内围边缘地带的商业阶层日益繁荣，却仍然在某种程度上处于边缘地位，顺理成章成为运动领袖的天然盟友，他们设想，国家一旦独立，政府将会制定有利政策，让他们大大获利。

因此，从长期来看，古罗马帝国和现代西方帝国体系的内围边缘地带都经历了类似的政治动荡模式，分别发生在4世纪中叶和20世纪的两次世界战争期间。尽管规模远不如最终进入帝国原始核心、获得充分授权的帝国行省那样大，但对罗马帝国和现代西方帝国的内围边缘地带来说，大量的新财富集中到特定的群体手中，并引发了不可抗拒的政治力量模式变化，而且这种变化不仅体现在内围边缘地带本身，也体现在它们与帝国中心权力的整体平衡关系之上。新的财富会重塑现有的权力平衡，催生出新的权力集团。这些集团既有能力，也有必要维护自身的利益。

古罗马时代，边缘地带的强大社会阶层实现了较高

帝国为什么衰落
— 罗马、美国与西方的未来 —

程度的军事化，财富和权力之间的联系非常直接。要想垄断内围边缘地带不断积累的新财富，在很大程度上需要动用武力，并进一步增强军事能力。如此一来，那些取得成功的首领就有可能供养更多的战士，并通过与罗马的接触为战士提供更多卓越的装备。而在19世纪和20世纪早期，赋予新兴土著精英权力的不仅仅是军事能力，还有财富、坚定的新生意识形态和行政管理能力的结合。

然而，二者的总体政治效果是可以比较的：这种结合让新兴的土著力量更强大，能更有效地抵制帝国权力的直接行使。虽然与古罗马帝国相比，在现代西方帝国内围边缘政治演变的过程中，军事能力并没有起到核心作用，但两次世界大战在现代西方帝国内围边缘的民族主义和独立运动中起到了直接催化作用。在这两次前所未有的冲突期间，帝国政府忙于欧洲事务，同时也对其殖民地资源提出更高要求。例如，两次世界大战期间，法国派遣了数十万名来自其非洲殖民地的居民上前线，而英国仅从印度就征募了超过200万名士兵。1914—1918年，帝国权力实际上遭到暂时削弱的时期，民族主义运动大多尚处于萌芽阶段。但到第二次世界大战爆发时，许多民族主义运动已经十分成熟，能够将帝国中

第四章 金钱的力量

心面临的问题为己所用,特别是在印度。早在20世纪30年代,圣雄甘地等人便帮助建立了印度国民大会党运动,并将其发展成为一支广泛、连贯和组织良好的力量,能够开展广泛的和平示威。1930年著名的"食盐长征"①就是例子。在24天的示威期间,"食盐长征"跨越240英里(约386千米),挑战了英帝国政府对食盐供应的垄断。这次运动的直接目标虽然没有实现,但成功地将独立运动转变为广泛的大众事业,赢得了相当多的国际同情。正如温斯顿·丘吉尔曾经想要忽视甘地,轻蔑地将其称为"半裸的魔术师",如今却别无选择,只能与甘地以及他领导的运动进行谈判一样。

在帝国内围边缘地带变得日益强硬的背景下,第二次世界大战引起的全球帝国秩序动荡对殖民地争取独立产生了助推作用。世界经历第二次世界战争后,旧的欧洲帝国面临着前所未有的巨额公共债务,需要大量资金来资助国内的重建工作,同时减少国家的年度支出。但唯一现成的资金来源是美国。美国原则上愿意提供资金,但它是首个摆脱欧洲帝国统治的殖民地,正如其历

---

① Salt March,1930年初,英国政府制定《食盐专营法》,大幅度提高食盐价格和税收,引起印度人民普遍不满,圣雄甘地领导和平示威活动,后获得局部性胜利。——译者注

史所反映的那样，美国绝对不愿意资助在自己看来已时过境迁的帝国野心。美国几十年来一直支持"民族自决原则"，反对支撑欧洲殖民传统的那种征服权（当然，前提是寻求自决的对象没有出现在美国后院）。

然而，英国、法国和荷兰都希望保留自己的帝国，在有些情况下，他们甚至为了夺回（或尝试夺回）寻求独立的殖民地而发动战争。不过，第二次世界大战后他们发现，从经济和意识形态的角度来看，成本与利益的天平已经发生了明显的倾斜，倾向于避免直接控制大量殖民地。本土民族主义运动如今在当地民众中有了充分的支持，这些运动人士最近为帝国参战做出各种贡献，有了证明自身合理性与合法性的依据，因此殖民地变得越来越难治理，管理成本也越来越昂贵。这时美国的金钱派上了用场——提供150亿美元援助，开展"马歇尔计划"（按今天的货币价值计算，约相当于1,500亿美元），再加上美国在欧洲的大量私人投资，以及欧洲对美国市场的无限制进入，对希望恢复破碎经济的欧洲国家来说，这笔钱更是起到了雪中送炭的作用。1956年，英法企图夺回苏伊士运河的控制权。在欧洲帝国继续开展的此类冒险行动当中，坚决不与美国合作的态度起到了推波助澜的作用，这标志着欧洲老牌帝国主义走向了

第四章 金钱的力量

没落。第二次世界大战后后的几十年里，西方大国或多或少以自愿的方式或相对和平的方式，将其殖民地的直接控制权交给了在帝国时代壮大起来的本地精英。

不过，尽管这一历史进程最初似乎符合美国例外主义①的美好叙事，即首个摆脱英国帝国主义枷锁的国家随后帮助其他国家争取独立，但这只是故事的表象罢了。实际上，去殖民化的过程反而有助于西方帝国主义的重生，而且是以一种新的、高度创造性的形式重生。就像罗马帝国体系适应自身运作所产生的、更强大的联邦，同时仍然保持终极控制权一样，即使在去殖民化期间，西方帝国体系也继续通过新机制支配着绝大多数旧殖民地的边缘地带。

布雷顿森林体系

1944年7月，西方军队正在奋力进攻诺曼底的滩头堡，此时第二次世界大战已进入尾声，美国政府在布

---

① 又称"美国优越主义"，为亚历西斯·托克维里于1831年杜撰的词语，指美利坚合众国具有独一无二的国家起源、文教背景、历史进展，以及突出的政策与宗教体制，世界上其他发达国家无可比拟。——译者注

帝国为什么衰落
— 罗马、美国与西方的未来 —

雷顿伍兹度假胜地召集其盟友，制定战后世界金融体系的蓝图。两位人物在这次会议中占据重要地位：一位是代表英国的约翰·梅纳德·凯恩斯（John Maynard Keynes），一位是代表美国的哈里·德克斯特·怀特（Harry Dexter White）。在此前的两年里，两人曾共同悄悄地努力，就许多问题达成广泛共识，但如今他们在一个主要分歧点上陷入了僵局——两人都同意需要就单一标准货币达成一致，世界上的所有贸易都将用这种货币进行结算，这样货币兑换的流动性更强，得以超过战前的大萧条年代。此外，这种货币还需要与黄金挂钩，从而确保稳定性，获得人们信任。然而，凯恩斯希望尽可能恢复战前的状况。如果英帝国得以保留，其殖民地会把英镑作为对外贸易货币，把储备存放在伦敦，将有助于维持英镑作为世界主要储备货币之一的长期地位。这样做还有一个优势，即通过增加英国银行体系中的货币供应量，英国便能依靠自身资源来资助战后重建，从而降低国家的借款成本。可是，怀特希望将全球金融中心转移到美国，因此大大鼓吹美元的优点。为了提供必要的保证，怀特提议将美元的汇率与美国诺克斯堡黄金储备库的黄金挂钩，当时该储备库的黄金约占世界黄金储备的五分之四。[8]

第四章　金钱的力量

最终，怀特得偿所愿。凯恩斯当时的健康状况帮了倒忙，但不管怎样，他都处于劣势。美国实际上直接支付了大部分战争费用，其结构优势虽然是临时的，但规模巨大。鉴于欧洲经济基础遭到广泛破坏，战争结束后，美国占据了三分之一的全球总产出和一半的工业生产。这意味着每个人都渴望获得美国商品，尤其是重建家园、工厂和基础设施所需的资本货物。反过来，这种需求又催生了对美元的更多需求，全球各个国家很快发现，用美元开展业务和结算最方便，哪怕他们的经济开始复苏后也是如此。

由此产生的布雷顿森林协议创建了一系列机构，这样战后全球经济会面临尽量少的限制，贸易和资本能尽量自由流动，同时又能让西方大国继续占据主导地位。首先，《关税及贸易总协定》承诺成员国制定关税减让制度，防止世界重返大萧条时期的封闭经济，并逐渐减少政府对进口商品征税的额度。其次，国际货币基金组织（IMF）作为全球性紧急基金应运而生，会员国每年缴纳会费。如果它们在短期内出现国际收支逆差，即进口大于出口，导致美元不足，可以向基金寻求援助。如果它们在支付方面遇到更加棘手的困难，作为最后救济手段，国际货币基金组织将作为债权人介入，提供更大规模的贷款，这样就能实施一套规定的金融救济方案。毋庸置疑，该基金被设计出来并不是为了资助社会主义。布雷顿森林会议的最后产物是世界银行。该银行最初是为了资助战后遭受破坏的欧洲重建而设立的，但很快转向了边缘地带资本主义国家的发展，因为在战后去殖民化进程中出现的新国家也开始敲响世界银行的大门。新世界秩序的最后补充是联合国。尽管这个于1945年建立的机构独立于布雷顿森林的金融体制之外，但它有助于确立大国的主导地位，比如为了避免人们对帝国的新中心产生任何疑虑，其总部设在纽约。

　　第二次世界大战结束仅两年后，印度宣布独立，拉开了英国、法国和荷兰帝国去殖民化的序幕。尽管这些后殖民时代成立的新国家中很少有谁参加过布雷顿森林会议，[9]但它们几乎都签署了该会议的制度框架。这些国家加入联合国，或成为国际货币基金组织和世界银行的股东，凭此获得合法地位。除此之外，这些雄心勃勃的国家用来发展项目所需的绝大部分资金也都来自西方。苏联确实试图创建与西方对抗的共产主义经济集团——经济互助委员会（CMEA），但该委员会资金不足，无法为其成员国提供实质性援助。相比之下，西方市场富有且需求旺盛，一旦经济复苏的进程启动，到了

第四章　金钱的力量

20世纪50—60年代，它们的资金就会再次充沛。边缘地带出现的许多新兴政府，必然会摒除帝国主义统治的遗产，并且口头上主张不结盟。然而，经济必要性却将它们牢牢根植在了西方阵营中。

西方国家可以对这些新兴国家逐一施加相当大的影响，包括通过财政援助、外交影响、秘密行动来支持或反对政府，以及施加类似港口封锁的军事压力，还包括通过集体行动，以更强烈的方式要求发展中国家政府服从西方的安排。联合国大会的决策原则是一国一票，这对众多新兴国家是有利的，但能授权使用武力的联合国安全理事会，给了五个常任理事国一票否决权：美国、苏联、法国、中国和英国。更重要的是，国际货币基金组织和世界银行的投票按照私人公司的方式运作，持股规模决定影响力的大小。美国作为最大的出资国，拥有近四分之一的选票，而在关键决策方面，西方国家控制了所有的话语权。它们并非总能达成一致意见，例如1956年苏伊士运河事件，此外，他们与中国或苏联之间关系的具体性质也因不同的西方国家而异。但在全球政治经济的主要原则——自由贸易、私人财产和市场交换方面，他们找到了共同点。

从根本上说，布雷顿森林体系控制了全球资源的净流动，促使其继续从帝国原先的边缘地带流向西方帝国的中心。1945年的世界发展模式意味着，制造业一开始仍然高度集中在西方发达国家。西方公司的发展更成熟，资本更充足，并牢牢掌握了专门的制造业知识，边缘地带的任何初创公司都难以与之竞争，因此，制造业产品的自由贸易体制使西方公司能够在工业产品领域主导全球市场。原则上，发展中国家有可能通过向西方出口农产品和初级产品来发展自己的经济，但农民在西方国家是重要的政治选民，由于第二次世界大战期间的饥荒经历，农民集体的地位得以巩固，一开始《关税及贸易总协定》对农产品贸易并没有给予同样程度的自由化，因此，边缘地带的制造商在国内难以与西方进口商品竞争，其农民在扩大西方消费者市场份额方面面临相当大的障碍。

同一时期，美元成为结算货币，全球经济中心从英国稳步转移到美国。伦敦仍然是世界的主要金融中心之一，但它在全球金融领域的最高地位迅速让给了纽约。[10]1945年，几乎有九成的世界外汇储备以英镑结算，并存放在英国银行（因为只有在英国注册的银行才会提供英镑账户服务）。在接下来的25年里，这一比例下降至不到一成，美元基本上取而代之，到1970年左右，

第四章 金钱的力量

美元占据了世界外汇储备的大约四分之三。

随着存放在纽约各银行的储备不断增加，美国可用的储蓄规模也在增长。这些存放在美国银行账户的资金必须投入运营，因为持有这些资金的政府会收取利息。其中很多资金被借给了美国政府，而美国政府不需要提供特别慷慨的条件就能吸引足够的资金，因此总体效应是保持了美国银行体系的低利率。更为有利的是，美国经济现在实际上享有来自世界其他地方的年度补贴。理论上，任何持有美元储备的政府都可以要求美国政府按照每盎司35美元的固定汇率将其兑换成诺克斯堡黄金储备库的黄金等价物品，但实际上，几乎所有政府，甚至是共产主义政府，都很少费功夫去做这件事情：比起横跨地球，把所有沉甸甸的黄金运回自己国家所在的金库，还得亲自派人保护，还是把美元存放在美国银行账户中更省事。各国之间如果要开展贸易，只需在各自的美国银行账户之间转账即可，这比运输黄金要快捷得多。

于是，任何想获得美元的国家都需要生产可以出售的东西，而美国有必要时可以随意加印更多的钞票。美国对此乐此不疲，战后的25年时间里，它印了大约三倍于其黄金储备的美元。[11]实际上，美国财政部向其他政府提供的是相当于债券的东西，而这些政府最终选择收下债券，而不是兑现。随着时间的推移，当人们明显愿意累积这些债券，并彼此交换时，美国财政部便不需要将其收回，而是随意增发。尽管其他国家偶尔会抱怨这种"特权"，但没有谁提出强烈抗议。边缘地带的政府几乎对此毫无办法——在通常情况下，他们比任何人都更需要硬通货——而其他西方国家最终受益于美国公司在欧洲进行的大规模战后投资。实际上，其他西方国家提供给美国的东西很快回到了他们自己手上，但战后几十年内美国对边缘地带国家的投资非常有限，所以实际上等于边缘国家在吃亏——他们相当于无偿给美国提供产品，这些产品在全球经济的核心地区再次流通。

不仅美国享有特殊优势，所有前殖民大国也都受益于第二次世界大战后的全球财富单向流动，同时，殖民地政治管理的成本转嫁给了新独立的国家，西方帝国迎来双赢局面。许多新国家采取措施，促进经济发展，不经意间又加剧了这种流动。许多发展中国家采取工业化战略，希望减少对西方制造的大量进口需求，但这样一来，就需要购买西方技术，并增加初级原材料的出口以支付成本。同时，西方出口市场得以扩大，进口食品和原材料的价格也得以压低。正式的帝国政治控制已经消

第四章 金钱的力量

失,但帝国(或者称为新殖民主义)的经济体系继续发挥作用,在物质上使中心地区受益。因此,"西方与其他地方"的人均收入比从1950年的大约30∶1,到20世纪末扩大了约一倍。正式的去殖民化根本没有宣告西方对全球统治的终结,布雷顿森林体系的运作实际上不仅重新定义了西方帝国,将其变成由美国领导的特权国家俱乐部,还使后者在战后继续通过殖民贸易和金融秩序渔利,变得更加富有。

世界上许多新国家的政治独立并不是装装样子,相反,与殖民时代相比,经过长期的经济和政治发展,大部分边缘地带的国家终于有能力主张自治权,摆脱帝国的直接控制。在越南、阿尔及利亚和印度尼西亚等地,这意味着针对帝国统治发动暴力起义。但在其他大多数地方,这个过程是通过谈判完成的,因为欧洲帝国认识到自己的气数已尽。1945年之后,通过去殖民化和政治独立过程创建的新国家开始享受真正的自由,它们有了相当大的自主权来决定自己的事务。但背后的深层含义是,它们将在由美国领头的、由西方大国主导的全球经济体系范围内这样做。在这个体系内,各国有足够的灵活性来推进自己的议程,而不会受到西方的报复,正如早期的智利政府在20世纪60年代所做的那样。但如果它们跨越权力边界，威胁完全脱离西方体系，那么西方将会坚决行使自己一贯以来的霸权，加以打压，正如智利总统萨尔瓦多·阿连德及其追随者所亲身经历的那样。

阿连德犯了一个严重错误，他高估了苏联集团的经济重要性，认为社会主义阵营可以对抗西方帝国阵营。实际上，西方在世界经济中占主导，占据了全球产出、收入和市场的绝大部分。俄罗斯经济存在内部结构性问题，同时维持超级大国军事力量的决心不断削弱其经济增长，并限制了他们支持外交抱负的资源。尽管从外表上看，苏联取得了令人瞩目的科学成就，例如斯普特尼克一号卫星的发射，以及1961年尤里·加加林（Yuri Gagarin）首次进入太空，但苏联依赖原材料出口，如石油和天然气，从产生的财富数量来看，其经济更像是发展中国家，或者最多只能算美国及其盟友表面上的竞争对手。这个被西方国家嘲笑为"拥有导弹的上沃尔特"国家[①]，1959年支持古巴革命之后便耗尽了大部分可用资源，甚至也需要动用美元，在经济互助委员会集团以外的海外地区开展贸易。这种经济上的脆弱，再加

---

① 外表强大，实际上经济困难。——译者注

第四章 金钱的力量

上中国和苏联关系的分裂，这种分裂在20世纪50年代中期浮出水面（1969年因此发生了一场战而不宣的边境冲突），导致与西方抗衡的全球共产主义集团未能形成。因此，阿连德寻求莫斯科支持时，只得到了礼节性的回应，而不是实际支持。[12]

就像公元4世纪的罗马一样，第二次世界大战后的西方仍然在很大程度上设法控制其内围边缘强大的附庸国，而内围则实现了前所未有的繁荣和发展。不过，无论是古罗马，还是现代西方帝国，这种繁荣局面都不是帝国体系发展的终点。最初雄心勃勃、充满自信的内围边缘地带虽然遭到遏制，但帝国统治很快会在其他地方面临更大的挑战。

第二部分
PART TWO

第五章
分崩离析

　　帝国体系会因各种原因而分崩离析。有些帝国因征服而结束，比如蒙古人从欧亚大草原一跃而出，用残酷的战争结束了中国宋朝的统治；有些帝国因内部结构薄弱而崩溃，比如加洛林王朝（以法国、德国西部和意大利为中心），基本上是一次跨越三代、依靠暂时的军事优势而发生的扩张运动，草草登场，又匆匆谢幕。不过，西罗马帝国的终结不能归入这些简单的类别。

　　西罗马帝国的解体与边境来犯的武装外来者有关——罗马人通常视之为"蛮族"。公元500年，西罗马帝国的绝大部分领土都已落入蛮族的武装控制之下，这些人是在前一个世纪穿越边境进入的。北海对岸的盎格鲁-撒克逊战团领袖瓜分了不列颠中南部，梅罗文加王朝的法兰克君主控制了高卢北部，勃艮第国王盘踞在高卢东南部，西哥特王国的君主统治着高卢西南部和伊比利亚半岛的大部分领土，他们的对手——东哥特王国则统治着意大利、西西里岛和达尔马提亚海岸。哈斯丁王朝率领一支由汪达尔人和阿兰人战士组成的联盟，控制了迦太基大城及北非最富饶的省份。

不过，许多新王国并非通过简单的征服而建立。西哥特和汪达尔-阿兰领地——这两个王国背后还有外来军事力量，且这支力量在公元410年便已驻扎在西罗马帝国的领土之上，但直到70年之后，西罗马帝国末代皇帝才被废黜。公元5世纪30年代，西罗马帝国政府自己将勃艮第人安置在罗马领土上，而法兰克王国和东哥特王国则是公元476年9月罗慕路斯·奥古斯都（Romulus Augustulus）被废黜后才成立的。西罗马帝国最终落入蛮族君主之手，但并不是被蒙古人征服。

此外，整个罗马帝国的解体分成两个阶段，西罗马帝国的衰落只是第一阶段。公元500年，东罗马帝国仍然完好无损，其关键收入来自小亚细亚、叙利亚、巴勒斯坦和埃及，并继续掌控西罗马帝国解体后的大部分地

第五章　分崩离析

区。公元6世纪初的几十年，尽管勃艮第王国出于自身目的，一直承认君士坦丁堡统治者在名义上的优越性，但公元6世纪30年代初，东罗马帝国皇帝查士丁尼（Emperor Justinian，公元527—565年在位）依然能够摧毁汪达尔－阿兰和东哥特王国，甚至在公元6世纪50年代初还吞并了伊比利亚半岛南部的一部分。然而，100年之后，东罗马帝国也陷入衰落。

东罗马帝国的解体始于公元7世纪初，当时帝国对强悍的波斯人展开了长达25年的大规模战役，耗尽了帝国的国力。西罗马帝国和东罗马帝国相继破产，为公元7世纪中叶刚刚伊斯兰化的阿拉伯势力提供了大规模扩张的适当背景，波斯帝国因此完全崩溃，君士坦丁堡大部分最富庶的省份都遭到了洗劫。公元7世纪30年代，阿拉伯的扩张吞并了叙利亚和巴勒斯坦。更糟糕的事情发生在公元7世纪50年代，埃及被征服，小亚细亚沿海地区①变成了荒凉的战场：这些城市不再是丰饶之地，而是成了堡垒和孤立的村庄。到这时，东罗马已经分崩离析，但还有更多的征服即将来临（公元7世纪90年代，北非沦陷）。君士坦丁堡本身幸存了下来，

---

① 曾经是一些著名古代城市的所在地，如以弗所和萨迪斯。——译者注

帝国为什么衰落
— 罗马、美国与西方的未来 —

没有被征服,所以人们有时会忽略 7 世纪实际上标志着东罗马帝国的结束。但伊斯兰征服者剥夺了君士坦丁堡统治者约四分之三的财政收入,将罗马帝国从真正的世界大国降级为地中海东部的地区性力量。实际上,新的拜占庭帝国——以拜占庭(君士坦丁堡最初的名字)命名,就像任何西部王国一样,是罗马帝国的继任国,也是伊斯兰世界心不甘情不愿的卫星国,在强大的邻国陷入内部混乱时,能够趁势稍稍扩张,但伊斯兰一旦恢复统一,拜占庭帝国版图注定又会缩小。

经过两个半世纪的时间,罗马帝国体系完全解体,即使简要概述也能看明白,这个解体涉及多种不同因素之间的复杂互动。这就是为什么多年来,人们对罗马衰亡提出了如此多不同的解释。此外,目前显而易见的是,现代西方帝国并没有垮台,也不会在短时间内崩溃,而且实际上也不一定会像古罗马帝国那样分崩离析。罗马帝国的经济基础在于稳定的农业,最高层次的财富和权力因此变成零和博弈。有政治赢家,就必须有输家。帝国权力建立在对相对稳定的农业资产储备的控制之上,国家体系一旦面临严重挑战,就不能简单地通过增加赢家的数量,并创造大量新财富来应对。而现代西方体系则显然不同,正如一直以来的研究所揭示的,

第五章　分崩离析

现代西方的历史以几个世纪以来经济的指数级增长为特征。

不过，我们有充分理由认为，现代西方帝国的生命周期至少已经到达重大转折点。在不到20年的时间里，西方阵营在全球GDP中的份额已经下降四分之一以上，而且明显不是一时下滑。在这种背景下，尽管古代和现代两大帝国在背景和具体细节上存在许多差异，但与罗马体系解体的持续性比较，仍然具有巨大的借鉴意义。不过从这个角度来看，我们必须采取略微不同的方式来比较，因为罗马帝国的崩溃是既成事实，而西方的未来仍包含着许多不确定性（包括已知和未知的因素）。因此，继续进行等量齐观的并排比较是不可取的。尽管如此，现代世界已经出现一些明显的规律，我们还是有可能以罗马帝国的历史为鉴，说明两个观点：首先，西方目前正在经历的危机局面可能还会继续发展下去，甚至危及生存；其次，这种危机的关键组成与古罗马帝国式微和解体的历史因素有着相似之处。

在分析这些相似之处前，下文将简要阐述罗马帝国分崩离析的关键因素。

北部地区崛起

公元773年夏天，查理曼（Charlemagne）越过阿尔卑斯山，将伦巴第国王德西德里乌斯（Desiderius）困在他位于帕维亚的都城内。围攻持续到了次年夏天，但最后德西德里乌斯被送到附近的一座修道院，而已经是法兰克国王的查理曼很快加冕，成为意大利国王，接受了伦巴第贵族的投降，这标志着加洛林王朝的开始。尽管这个王朝没有像罗马帝国那般持久，但是，在罗马帝国曾经的边缘地带，新的欧洲帝国中心崛起，这是罗马帝国崩溃的关键因素之一。

加洛林王朝的经济和人口基础位于法兰克王国的东北部，横跨古罗马边境两侧，包括现在的法国西北部、比利时、荷兰、卢森堡地区以及德国西部。公元初年，这些地区的民众要么实力太弱，无法抵抗罗马的征服，要么经济发展落后，以至于罗马帝国认为没有必要将它们正式纳入帝国范围。与此形成鲜明对比的是，查理曼能够利用该地区当时大幅增长的人口和经济资源，征服地中海地区的大片土地。虽然加洛林王朝本身的存在并不长久，这种边缘地带的崛起也并非偶发事件。加洛林

第五章 分崩离析

王朝的继任者奥托王朝，位于莱茵河和易北河之间的东部地区。公元10世纪时，再次利用北方的资源，征服了意大利的大部分领土。在1000年的进程中，罗马帝国的根基，即利用地中海的财富和人力征服北方，这种地缘政治权力的平衡发生了颠倒，而让查理曼称帝的新模式自此之后基本上保持不变。北欧地区一直人口较多，经济规模较大，因此往往在地中海南部占据主导地位。

欧洲权力的平衡发生决定性转变，其原因非常简单。地中海欧洲国家的土壤非常肥沃，土质较轻，在古代，这些土壤更容易开发，无须昂贵、复杂的农业设备。相比之下，北欧在整体上拥有其他地区无可比拟的更多资源，但其土壤更为潮湿，土质更重，再加上广阔的海洋资源，开发起来需要更复杂的技术。到查理曼时代，北方已经开始使用"卡鲁卡"（carruca），这是一种经典的北方重型犁——将巨大的铁犁铧安装在最多可由八头动物拖拉的四轮马车上。北方的生产力正在提高，欧洲经济和人口力量的平衡局面已经开始转变。

在1000年的发展进程中，这种长期的战略性变革是最重要的事件之一。尽管这种变革并非罗马帝国解体的全部原因，但查理曼的帝国确实代表了这一发展进程的高潮，而罗马帝国中心与欧洲边缘四个世纪以来的互动，转动了其命运走向衰落的齿轮。罗马帝国时期，其内围边缘地带的农业生产力和人口密度便已显著增加（参阅第三章），并在此后不断增长。到公元8世纪，这些边缘地带已经破坏了基本的权力分配，而罗马帝国以地中海为据点，对欧亚大陆西部的支配依赖的正是这种权力分配。

这种长期发展过程的一些政治后果在公元3世纪便已显现，当时产生了更强大的"野蛮"联盟，其足迹甚至踏上了罗马帝国此前的领土——不列颠北部、莱茵河上游和多瑙河之间，以及特兰西瓦尼亚达西亚。多个政治实体在内围边缘地带建立起来，并在公元5世纪西罗马帝国体系的解体中扮演了更重要的角色。早在罗马不列颠时期，蓬勃发展的盎格鲁-撒克逊战团便已出现在罗马帝国的西北内围边缘地带，正如查理曼最终让法兰克王国变成帝国一样。尽管这种持续的转型在公元5世纪尚不成熟，但其发展已经足够充分，足以改变力量的平衡，进而反抗罗马帝国以地中海为据点的帝国权力的存续。

第五章 分崩离析

大国竞争

现代伊朗比沙普尔（Bishapur）的一处岩石雕刻描绘了被俘的罗马皇帝瓦勒良（Valerian）向波斯帝国"万王之王"（Shah-in-shah）沙普尔一世（Shapur I，240—272年在位）俯首称臣的情景。沙普尔自己的话通过三种语言刻在纳克伊·布斯坦（Naqsh-i-Rustam）祆教一座宏伟的火庙①周围：

> 我首次建立跨越王国主权之时，恺撒戈尔迪安（Caesar Gordian）率军向我们进发。戈尔迪安被摧毁，罗马军队被歼灭。罗马人宣布菲利普（Philip）为恺撒，他前来求和，为了保全性命，付了50万银币作为赎金，并成为我们的朝贡国。然而恺撒再次欺骗世人，对亚美尼亚采取不公正的行动。我们向罗马帝国进发，在巴巴利索（Barbalissos）摧毁了6万人的罗马军队。在这次战役中，我们夺取了37个城市。在第三次冲突中……恺撒瓦勒良前来

---

① 祆教的庙宇当中都有一个大型火盆，用于祭祀和崇拜。因此，被称为火庙。——译者注

对抗。他率领一支7万人的军队……我们亲手俘虏了他以及其他指挥官。在这次战役中，我们征服了36个城市。

比起上一任——安息王朝（Arsacid），沙普尔一世所在的萨珊王朝更为有效地调动了今天伊拉克和伊朗地区的人力和经济资源，公元3世纪逐渐巩固了对近东地区的控制，并自沙普尔一世的父亲阿尔达希尔（Ardashir，224—240年在位）时代开始，就已经在与罗马的战斗中取得胜利。摧毁安息王朝控制的原因在于公元2世纪末罗马进一步扩张带来的冲击，塞普蒂米乌斯·塞维鲁（Septimius Severus）在今天的叙利亚和伊拉克创建了两个新行省，并将帝国边界向南和向东推进。自公元前247年以来统治波斯世界的安息王朝在这次失败中遭到致命打击，波斯萨珊王朝因此得以崭露头角。因此，萨珊王朝作为与罗马竞争的超级大国而崛起，是地方对罗马帝国的动态回应，就像欧洲边缘新联盟的出现一样。对于波斯来说，萨珊王朝的崛起更多的是军事和政治重组的结果，而且是在自公元前4000年以来就拥有复杂文明的世界内部进行的，并非支撑加洛林王朝那种长期人口和经济扩张的结果。

第五章 分崩离析

公元7世纪，东罗马帝国失去超级大国的地位，与波斯的战争起到了催化作用，但公元5世纪西罗马帝国崩溃时，这种战争就已经扮演了重要角色。从公元3世纪开始，波斯恢复超级大国地位，对罗马帝国造成了深远的影响，远比同一时期欧洲内围边缘地带的阿勒曼尼人占领莱茵河上游地区更深远，也比帝国失去特兰西瓦尼亚达西亚更深远。没有哪个新的欧洲联盟能够像沙普尔一世那样取得胜利——摧毁三支完整的罗马野战军。[13] 对罗马帝国而言，这是一系列灾难性的失败，为了解决问题，罗马帝国不得不对国内体系进行根本性重组。据保守估计，公元3世纪的罗马军队至少被迫扩大了50%（有人认为是翻了一番）。罗马帝国的税收本就有限，军队规模的巨大扩张导致税收的约75%用于军事开支，因此造成了巨大的财政空虚，总税收必须增加超过三分之一，才能填补。对于现代政治家来说，即使在卫生方面的支出增长1%或2%都难于登天，而考虑到卫生仅占政府总支出的大约8%时，波斯给罗马帝国带来的系统性问题有多艰巨，可想而知了。

随着迪纳里厄斯银币的逐渐贬值，夺取原有城市收入的剩余部分成了最直接的应对措施（最终促使奥索尼乌斯这样的行省精英开启帝国职业生涯，参阅第二

帝国为什么衰落
— 罗马、美国与西方的未来 —

章)。罗马帝国一直给军团士兵发放银币作为报酬,而公元3世纪下半叶帝国著名的恶性通胀就是银币逐渐贬值造成的。由于军队规模急剧增加,帝国内再也没有足够的金属可以铸造足够数量的纯银硬币。短期应对措施无从施展,帝国便采取了更长期的结构性应对措施,包括更严厉的税收体制和军队薪酬革命,比如从发放银币过渡到混合实物分配(食物、装备和其他必需品)以及偶尔的纯黄金支付。到公元3世纪的最后几十年,这些措施产生了数量充足、领取薪酬的罗马士兵,足以对抗更具雄心壮志的萨珊王朝。

公元290年,经过改革和强化训练的罗马军队再次在东部取得重大胜利,但超级大国——波斯萨珊王朝仍然屹立不倒:一个能与罗马帝国体系开展永久性竞争的对手,这种情况是帝国以前从未遇见过的。这意味着,罗马帝国必须始终将大部分军事和财政资源投入与波斯的对抗之中:大约占罗马整个军事体系的四分之一到三分之一。如果罗马帝国稍有分心,将较多的军事和财政资源用来处理其他问题,波斯统治者通常就会抓住机会,趁机进犯。

更糟糕的是,波斯的崛起引发了重要的结构性效应,进一步妨碍了罗马体系的运作。由于通信速度缓

第五章 分崩离析

慢,罗马东部有庞大的军队抵御波斯的侵略,需要部署密切的政治监督,否则前线军队的指挥官始终有可能争夺皇位。这是从公元3世纪的多次惨痛事件中吸取的重大教训。然而,皇帝若是前往东线督战,就会离莱茵河边境罗马军事力量另一个主要中心太远,也难以对积极参与帝国体系运转的西部精英进行有针对性的赞助。因此,从公元3世纪后期开始,帝国权力通常分给至少两位甚至更多的皇帝。

这样的结果不可避免,罗马帝国晚期几次打算一统天下但以失败告终便是明证,但帝国权力的分割实际上影响了帝国体系的顺利运作。没有哪个统治者能够调动所有资源,而且共同执政的君主之间经常出现紧张局势,甚至在同一家族内部,这种紧张局势有时也会升级为内战。公元4世纪的大部分时间里,很多罗马士兵并非死于与欧洲蛮族的战斗,而是在时不时爆发的内战中丧生(尽管与波斯的持续冲突导致了更多士兵的死亡)。因此,总体而言,波斯的崛起导致罗马体系内处理问题的结构灵活性降低,其中包括经济和人口资源方面,也使统一动员这些资源变得更加困难。公元4世纪后期出现全新威胁时,这两种影响的重要性很快就会变得非常明显。

外部冲击

公元 376 年夏末，两个庞大的哥特蛮族部落出现在多瑙河河岸。他们以加入军事联盟为条件，寻求庇护。其中瑟文吉人被接纳，但格鲁森尼人（Greuthungi）被拒绝，这样做是两害相权取其轻。东罗马帝国当时的统治者瓦伦斯（Valens）刚刚全力向距离东部 1,000 千米处进发，跟波斯发生了一场大规模冲突，需要两年时间才能将其军队从东部撤回，这时的他兵力短缺，无法将这两个哥特部落赶出罗马帝国。

事实证明，瓦伦斯分而治之的打算没有取得任何成果。瑟文吉人进入罗马边境，结果缺粮少食，越发不听帝国管束。此时帝国的行为进一步让情况恶化，他们显然预见到了瑟文吉可能进犯，所以提前采取应对措施，将现有的供应物资转移到了哥特人难以轻易夺取的有人把守的领地。当地的罗马指挥官本来邀请哥特人的领袖共进晚餐，结果恐慌之下向对方发动了一次袭击，此事成为瑟文吉奋起反叛的直接导火索。这个部落的领袖本来一直就与被排斥在外的格鲁森尼部落保持联系，该部落如今也进入了罗马领土，因此公元 377 年初，瓦伦斯

第五章　分崩离析

面临的是团结起来的哥特人发起的叛乱。在经历两个季度的战斗之后，瓦伦斯从波斯买来了和平，并终于有机会将麾下的野战军向西移动。瓦伦斯率领一支部队前往巴尔干半岛，而西罗马皇帝——瓦伦斯的侄子格拉提安（Gratian），前往东方与他汇合。但格拉提安没有如期抵达，烦躁不安的瓦伦斯向北边进发，快速抵达哈德良堡①。瓦伦斯的侦察员报告称，两支哥特部队如今分头行动，寻找补给品，瓦伦斯打算伏击瑟文吉人，但这份侦察报告实际上并不准确。公元378年8月9日早晨，东罗马野战军突然行动，但遭到瑟文吉部落伏击，而且格鲁森尼人居然也在现场。在随后的屠杀中，皇帝和三分之二的士兵被杀害。这一系列事件表面上是典型的蛮族入侵，而且在某种意义上确实如此，但这个故事还有另一个更重要的维度。

哥特人并不想入侵罗马帝国。与现代大规模移民一样，古代移民也从来不会低估卷起铺盖、前往新天地所涉及的巨大危险和成本。公元376年抵达多瑙河的哥特人已经融入广泛的罗马帝国体系，他们在内围边缘地带落脚了近100年，但受到了外部冲击的影响，即来自欧

---

① 今埃迪尔境内，靠近土耳其/保加利亚边界。——译者注

亚大草原的游牧民族——匈人对哥特人领土的掠夺性入侵。格鲁森尼人处在对抗匈人的最前线，他们抵抗了一段时间，但最终得出结论，在乌克兰如今的生活已经难以为继。他们开始有组织地向西撤退，这反过来动摇了他们的邻居瑟文吉族。为什么匈人会迁移？古代文献中尚未找到令人信服的解释，但最近对冰芯样本的分析表明，公元4世纪70年代初，草原上出现异常气候模式，引发了一段持续干旱期。而游牧部落（如匈人），一直靠这些长期边缘化的牧场来饲养牧群，在干旱面前承受了巨大的压力。[14] 瓦伦斯与哥特人发生冲突，其真正原因并不在帝国内围边缘地带，而是在外围边缘地带，以及更远地区引发的人口大迁移，人们思考一番就会发现，这个解释是完全合理的。

　　罗马帝国不仅在无意中引发了邻国之间松散的政治变革，而且那些与帝国体系直接关系不大的人口也采取行动，积极应对邻近超级大国崭露头角所带来的危险和机遇。对于罗马帝国来说，这种变化定期表现为：原本来自欧洲外围边缘的群体（罗马的琥珀和奴隶贸易商更靠近波罗的海，而非那些居住在罗马边境附近的农业供应者），会在某些情况下重组，夺取帝国附近的新土地。例如，在公元3世纪的罗马危机中，许多欧洲地区

第五章 分崩离析

采取行动（如上一章所述），最终导致罗马帝国在莱茵河和多瑙河边境线之外的直接控制遭到一定程度的侵蚀，其根本原因就在于这种模式。这一过程中，哥特人和阿勒曼尼人扮演了重要角色。公元3世纪初，他们生活在罗马外围边缘地带，然后在此期间组织起来，夺取离帝国边界更近的有利地位。[15] 罗马评论家总是关注这些行动的连锁效应，尤其是跨境袭扰的连锁效应，但公元3世纪危机的深层根源远远不止这些。内围边缘地带的群体通常更富有，更有秩序，不过他们受帝国的控制也更森严，因此在整个帝国体系内部引发严重动荡的可能性要小得多。

公元4世纪和5世纪，西罗马帝国解体，这种动态变化起到了重要作用。公元4世纪70年代晚期，哥特人以及多瑙河下游地区的很多其他部落离开家园，只是拉开了这一进程的序幕。当时匈人从西部草原扩张到东欧，并进一步向中欧进发，引发了更大的危机。公元376年之后的一代，大量匈人从欧洲东部边缘的乌克兰出发，迁往喀尔巴阡山脉西侧的匈牙利大平原；根据目前资料，尚不清楚这种迁移是生计所需，还是雄心所驱，但这个过程引发了第二轮的剧烈动荡，影响了罗马欧洲边界中部的多瑙河中游地区。公元405年，一支庞大的混合力量在哥特国王拉达盖苏斯（Radagaisus）的率领下离开了这一地区，穿过今天的奥地利之后南下，踏入意大利。公元406年底，来自多瑙河中游同一地区的多个群体组成了一个大型联盟（但这个联盟不太稳固），后来也进入罗马境内。该联盟由四部分组成：几位国王领导的游牧民族阿兰人，两支不同的汪达尔人，还有一支苏维汇人。公元4世纪70年代，阿兰人曾是哥特人在乌克兰东部的邻居，但在此期间向西迁移；其他三支队伍都长期定居中欧。第二支力量沿着不同的路线进入罗马，于公元406年的最后一天踏过莱茵河上游，进入高卢，但两支力量可能都是为了躲避匈人。到公元410年左右，匈人已经在匈牙利大平原的旧领地上建立了牢固的据点。[16]

公元4世纪末和5世纪初的危机也跟公元3世纪类似，基本上来自外部冲击，其根源在于罗马体系的外围和更远的地方，即使是内围边缘地带的群体，也在很大程度上被卷入与帝国的直接冲突。而且，罗马体系之前对此类危机的应对保留了足够的韧性，只会损失小部分领土，然而与之前不同的是，匈人扩张的连锁效应引发了更大规模的问题。到这一阶段，波斯的崛起已经侵蚀了罗马统治者可以调用的大部分资源，一旦诸多蛮族被

第五章 分崩离析

驱逐到罗马土地上，整个帝国体系就会遭受前所未有的大规模破坏。

大量蛮族不请自来，而且其中许多人武装齐全，组织良好，毋庸置疑，罗马皇帝肯定会对此表现出敌意和怀疑。就像瓦伦斯和376年的哥特人一样，双方自然会产生军事对抗，而且罗马军队通常都会取得巨大胜利。尽管376年哥特人最终在哈德良堡战役赢得了令人瞩目的胜利，但在这之前，他们在寻找补给的远征中遭受了巨大损失，分散的子群体因此大规模消失。即使哈德良堡一战也让他们付出了巨大代价，因为在382年10月与罗马帝国达成最终和平协议之前，双方经历了四年的拉锯战。在接下来的二三十年，拉达盖苏斯入侵意大利，但很快在406年夏季被消灭。拉达盖苏斯手下有许多优秀军官，罗马帝国用一纸协议招安了他们。根据协议，他们被编入罗马军队，代价是其领袖在佛罗伦萨之外的地方被处决，还有很多地位较低的军官下场也很凄惨，其中许多人被卖身为奴，导致意大利奴隶市场崩溃。面对406年末越过莱茵河的汪达尔人和阿兰人，罗马帝国需要更长时间才能有效应对，当时联盟成员已经进入罗马治下的西班牙，并划分了各个行省的归属。不过，公元5世纪前十年中期，罗马帝国进行了一系列严

帝国为什么衰落
— 罗马、美国与西方的未来 —

厉反击,摧毁了各个阿兰人群体的独立性,当时还有两个汪达尔人群体,其中的辛林人被摧毁,其王室在战斗中被俘后覆灭。

尽管罗马帝国的这些军事行动非常成功,但没有哪一次能够一劳永逸,解决被驱逐的"蛮族"群体带来的整体问题,而且从某种重要意义来讲,情况反而变得更糟。面对罗马定期发动的有效反击,一些人在最初的冲突中幸存下来,重新组成更大规模和更有凝聚力的联盟,这正是面对罗马军事力量所需要的。瑟文吉人和格鲁森尼人之间最初的区别在罗马领土上消失了。从公元 4 世纪 80 年代开始,罗马面对的是统一的哥特军队(通常称为西哥特人),由名叫亚拉里克的国王领导(Alaric,约公元 395—411 年在位)。408 年,亚拉里克决定利用拉达盖苏斯和莱茵联盟的联合入侵带来的混乱,向西前进。到了西部之后,亚拉里克将拉达盖苏斯入侵的很多幸存者招到麾下,包括那些最初被编入罗马军队的精英成员(他们的家人已经在反抗蛮族的暴动中被屠杀),以及那些卖身为奴的人。公元 416—418 年的失败也使阿兰人和辛林人的幸存者联合起来,支持另一个汪达尔王朝——哈斯丁王朝,在西班牙南部再次形成一个更大、更稳固的联盟。公元 422 年,这个新联盟

第五章 分崩离析

在西班牙南部的科尔多瓦（Cordoba）城墙外赢得属于自己的哈德良堡战役，打败了罗马军队。他们之所以能取得大捷，主要是因为随罗马军队作战的西哥特人在关键时刻倒戈，而这些都是事先安排好的。因此，到了公元5世纪20年代初，匈人大规模外部冲击的整体效果已经变得明显。内围边缘地带最近的移民组成了两个规模扩大且实力巩固的新联盟，从此在西罗马帝国的领土上崛起。

在接下来的两个政治世代中，这些联盟继续壮大，成为西罗马帝国的两个主要继承国，但这个结果并非偶然；它们的整体存在破坏了帝国体系的完整性。最直接的后果是，其胜利导致了大量罗马士兵死亡。哈德良堡战役至少导致1万名东罗马士兵战死，而东罗马的总兵力为1.5万人①。[17] 公元422年，汪达尔人取得标志性胜利，从此后不久的一份西罗马军队的军事名单可以看出，西罗马军队此前曾遭受了多大的损失。在过去近四分之一个世纪的战斗中，截至公元395年，西罗马帝国野战军多达三分之二的战士被消灭。

受过良好训练的罗马军队花费高昂，但只要有必要

---

① 还有一种更夸张的估计，即3万人中有2万人战死。——译者注

的资源,整个军团都能在一段时间内替换,而东罗马帝国就有这样的资源。哈德良堡战役之后,哥特人再也没有靠近东罗马帝国的关键税收来源区,即埃及、小亚细亚和新月沃地等人口众多的地区。公元5世纪20年代初,西哥特人和汪达尔-阿兰人联盟在西罗马帝国的领土上建立起来,导致西罗马在最后几十年面临更为棘手的问题。

两个大型外族联盟在罗马领土上崛起,直接威胁了帝国的关键:军事和财政支柱。它们时常与罗马发生冲突,帝国有些地区卷入其中,田地、农作物和家畜都蒙受了重大损失。意大利行省的中南部被西哥特人占领(408—410年),整整十年后,仍然享有90%的减税待遇,而且那些受到战斗严重影响的农业区似乎都能享受这种标准减税待遇。比较证据学表明,受战斗影响的地区可能需要大约20年才能修复家畜、设备和建筑物的损坏,并偿还因此而产生的必要贷款及利息。其他地区如果在战斗之后被两个联盟当中的一个所占领,则永远不再向罗马帝国缴税。因此,到公元5世纪20年代初,大多数西班牙地区已经将近十年没有产生税收,高卢南部和意大利中南部的一些地区陷入大规模战争,而不列颠则完全退出了帝国体系(有关原因的讨论见下

第五章 分崩离析

文）。因此，西罗马帝国蒙受了巨大的税收损失（高达25%或更多），公元5世纪20年代初的那份军事名单也能体现这一点。尽管东罗马帝国最终弥补了哈德良堡的损失，但在这样的损失面前，西罗马帝国再也无力承担。公元405—422年，西罗马帝国仅仅在书面上将原有的边境驻军升级为野战军，以此填补原有野战军的大部分折损，而不是通过"正式"（即昂贵）的新兵招募来扩充军事力量。[18]

更糟糕的事情还在后头。公元432年，汪达尔-阿兰联盟越过直布罗陀海峡，7年后，夺取了西罗马帝国皇冠上的明珠：今阿尔及利亚和突尼斯，即最富有、税收贡献最大的领土。早在公元420年，西罗马帝国在维持军队规模时便已经捉襟见肘，这次损失更是导致其陷入更深的危机，且产生了恶性循环——税收减少意味着军队规模缩小，蛮族联盟也就有了更多的机会，夺取更多的罗马领土。匈人所产生的外部冲击因此威胁到了西罗马帝国的财政-军事支柱，而整个帝国体系正是建立在这样的支柱之上的。

内部分裂

公元414年1月，古罗马城市纳博讷（位于高卢南部）举行了一场不惜重金打造、盛况空前的奢华婚礼——西罗马帝国皇帝霍诺留的妹妹加拉·普拉西狄娅（Galla Placidia）出嫁。为了锦上添花，古罗马元老院议员普里斯库斯·阿塔卢斯（Priscus Attalus）被邀请谱写古典诗歌以示庆祝（阿塔卢斯与前文所述的叙马库斯是同一时代的人，不过比叙马库斯更年轻。叙马库斯在前往西北边境的途中夸耀身份，因此陷入麻烦。）——创作祝婚诗，在新娘进入婚房时吟诵。遗憾的是，阿塔卢斯的诗歌没有保存下来，其内容想必会让人兴趣盎然。皇家婚礼的场址选择纳博讷本身就不寻常——尽管这座城市仍然保留了精妙的古罗马遗迹，更不寻常的是，新郎还是西哥特国王。四年前，西哥特人洗劫罗马时，加拉被俘，现在又嫁给了亚拉里克的内兄弟阿陶尔夫（Athaulf）。

这场非同寻常的婚礼是一次经过精心策划的政治联姻，是西哥特人围攻罗马之后类似于半和解的安排。甚至罗马被洗劫也并非完全字面意义上的那种遭遇。亚拉

第五章 分崩离析

里克的军队在城外等待了 18 个月，他们随时可以攻进城来，之所以没有破门而入，是因为亚拉里克将罗马作为筹码，迫使加拉的兄弟霍诺留达成一项长期政治协议。只是皇帝（实际上是当时的几位顾问）不愿坐下来好好谈判，亚拉里克的军队才长驱直入的。对于亚拉里克和阿陶尔夫来说，西罗马帝国在政治格局中永远占有重要的一席之地，他们都希望以最有利的条件将哥特人纳入帝国体系中。阿陶尔夫的这桩婚事让他手下的哥特士兵都加入了西罗马帝国野战军（这支部队的规模在不断缩小），确保他们有固定的收入，但这些士兵将继续接受他的自治领导，阿陶尔夫也因此成为朝廷的重要人物。与此同时，与亚拉里克一样，阿陶尔夫为了实现自己雄心勃勃的政治抱负，从不回避与帝国的冲突。在罗马城外，普里斯库斯·阿塔卢斯先是获得哥特人亚拉里克的支持，自立为王，后来到了高卢，又在阿陶尔夫的提名下当了皇帝。阿陶尔夫与加拉·普拉西狄娅的婚姻并没有得到其王兄的允诺，两人很快产下一子，而且取了个意义重大的名字——提奥多西（Theodosius）。皇帝提奥多西（一世）是霍诺留的父亲，379—395 年在位，是曾经一统东西两个罗马帝国的创始人，而霍诺留本人没有子嗣。尽管父亲是哥特人，这个孩子对西罗马帝国的王位却有着合法继承权。

最终，阿陶尔夫想当帝王的野心打错了算盘。这个叫提奥多西的孩子幼年便夭折，霍诺留后来也找到了更有能力的顾问。人们很快就意识到，西罗马帝国的力量仍然足够强大，有能力控制新的西哥特联邦。经过两年的巧妙经济封锁，哥特人被饿得走投无路，接受了在高卢西南部定居的一项协议，从而远离了西罗马帝国的政治中心。阿陶尔夫的和解策略失败，他自己也被哥特内部的敌人暗杀。与此同时，按照新协议的安排，加拉·普拉西狄娅被送回给了哥哥霍诺留，哥特军队则被派去对抗汪达尔人和阿兰人。

即使阿陶尔夫的伟大计划失败了，但他的统治初步揭示了罗马帝国地主精英软肋中的第一条裂缝，这条裂缝将在西罗马灭亡的故事中扮演重要角色。加拉本人，也许被未来当上皇太后那激动人心的前景所吸引，似乎是自愿嫁给阿陶尔夫的。否则，她的余生可能会在罗马城中默默度过，这样就没有人能利用她诞下子嗣，爬上宫廷权力的高位。普里斯库斯·阿塔卢斯的举动也算不上新鲜事，毕竟历史上有许多政治家为了追求权力不择手段，寡廉鲜耻。然而，阿陶尔夫的策略更值得人深思的地方在于，尽管它完全依赖于哥特而非罗马帝国的军

第五章　分崩离析

事力量，但各行省地主精英都愿意为阿塔卢斯篡位之后的政权效力，无论是在意大利，还是后来的高卢，都是如此。

一些迹象表明，新的蛮族联盟，如亚拉里克手下的西哥特人和汪达尔－阿兰人，可能从罗马下层社会的不满分子中招募了一些新的劳动力，但证据并不确凿。在政治方面，更确凿且更重要的记录表明，一些罗马地主精英圈层的成员，如奥索尼乌斯的后代，愿意与身边的野蛮联盟结成同盟。公元5世纪头十年，阿陶尔夫招募了一些高卢－罗马的支持者，公元5世纪30年代，汪达尔人将一些地位较高的西班牙－罗马人带往北非，而公元5世纪二三十年代，罗马－不列颠行省招募了来自北海对岸（主要来自今天的丹麦和德国北部）的盎格鲁－撒克逊雇佣兵，用来抵御苏格兰和爱尔兰的袭击者。

然而，公元450年后活跃的政治世代当中，有关这种现象的文献记录最为充分。当时，奥弗涅行省一位地方贵族圣希多尼乌斯·阿波黎纳里斯（Sidonius Apollinaris）所写的书信集保存了下来。圣希多尼乌斯的信件记录了高卢地主同行与邻近的西哥特和勃艮第国王之间的各种协作关系。[19]圣希多尼乌斯本人和他的一

帝国为什么衰落
— 罗马、美国与西方的未来 —

些亲密盟友乐意与其中任何一方结盟，只要它们的领导人遵照亚拉里克和阿托尔夫的做法，愿意动用军事力量来支持西罗马帝国在某种形式上的存续。例如，公元457年，圣希多尼乌斯笔下的西哥特统治者狄奥多里克二世（Theoderic Ⅱ）便是一位文明的罗马统治者，而不是野蛮君主，其形象引人注目。此时狄奥多里克二世正在支持圣希多尼乌斯的岳父夺取西罗马帝国空无人坐的宝座（暂时取得了成功）。这些书信强调称，国王在宫廷中禁止过度饮酒和饮食，在罗马人看来，这些始终是野蛮人的特征。然而，公元5世纪60年代末和70年代初，圣希多尼乌斯身边的圈子会供养私人军队，抵抗狄奥多里克二世的弟弟——尤列克（Euric）的侵袭，并在日益缩小的帝国核心中保持自身地位。虽然圣希多尼乌斯在合作时保留了明显的底线，但其他高卢精英成员持不同的看法。同一时期，他的一些熟人已经成为西哥特和勃艮第国王的杰出顾问，并积极鼓动对方扩大新王国的疆域。[20]

　　罗马帝国的地方精英愿意与非加冕的皇帝结盟，乍看之下违反常理，但反映了帝国晚期行省社会政治的成熟度提高。奥索尼乌斯等人从幕后走向前台的同时，一些行省贵族集团也应运而生，并且有能力制定并推进自

第五章　分崩离析

己的政治议程。早在公元 3 世纪，随着波斯的崛起，一系列皇帝便已经对东方投入了很多精力，这表现为西罗马帝国的精英，尤其是高卢精英，愿意支持那些优先考虑他们需求的篡位皇帝。公元 5 世纪也是如此：当西罗马帝国的政治中心令他们失望时，至少西罗马帝国部分行省的地主愿意考虑激进的替代解决方案。

罗马的衰亡

在不同的学者看来，尽管导致罗马灭亡的因素有着不尽相同的重要性，但在目前的研究背景下，这些因素的具体权重其实无关紧要。更根本的观点是，现代对罗马灭亡的所有讨论基本上都集中于相同的一系列因素。

随着帝国体制的解体，罗马帝国发现自己陷入了逐渐下滑的旋涡中。超级大国之间的竞争，不断崭露头角的内围边缘地带一意孤行，再加上来自外围边缘地带以及更远地区的大规模移民，对帝国体制施加了更多额外的压力，而所有这一切都与内部政治分歧交织在一起，有时这些分歧还相当激烈。这些因素有特定的因果关系，但几乎所有因素（除了欧亚大草原上的降雨不足）

都是罗马帝国体制运作的后果，即帝国体制运作引发广泛的转变，进而催生了这些因素的产生。公元3世纪，波斯帝国重拾昔日荣光，便是对罗马领土扩张的直接回应。新的汪达尔－阿兰人和西哥特联盟崛起，既是罗马帝国400年以来长期经济与政治转型在邻国地盘上的产物，又是对罗马军事反击的直接回应。同样，内围边缘地带的新财富吸引了来自外围边缘地带和更远地区的群体，他们将这些邻居推向罗马领土，暴露了罗马体制内部的东西方之间、中央和地方权力之间的矛盾。

然而，无论如何构建罗马帝国灭亡前因后果之间的确切关系，其整段历史都贯穿着一条相对简单的线索。随着边缘地带的崛起，它们与罗马帝国的竞争能力变强，帝国不得不将更多的资源用于应对波斯的威胁，保护其欧洲边界。这让帝国体系在面对外部冲击时的抵抗能力变弱，而在帝国早期阶段，这些冲击可能更容易承受。波斯崛起，成为与罗马帝国平起平坐的竞争对手，也加剧了帝国行政问题的分化，再加上来自东方的匈人突然出现，帝国的天平最终发生倾斜。到此时，罗马帝国的中心再也无力保护某些关键政治选民的利益，他们便把衷心献给了其他主子。

随后章节将阐述，现代西方帝国不断加剧的危机正

第五章　分崩离析

好与罗马帝国灭亡的诱因相符：来自外围边缘地带和更远地区的外部冲击（包括大规模移民），坚定而自信的内部边缘地带，实力相当的超级大国竞争，以及不断增加的内部政治压力。现代西方帝国体系会不会重蹈罗马帝国的覆辙，会在多大程度上重走罗马帝国的老路，会不会在未来几十年内解体，当然取决于现代西方帝国对每个问题所做政策选择的累积效应。从罗马帝国跨越千年的历史可以看出，所有这些问题都是帝国体系运作的后果。以史为鉴，还能让我们更具分析性地思考当前西方帝国做出的各种应对措施，以及在长期内可能引发的结果。到目前为止，现代政治话语已经对罗马历史加以反省，不过只讨论了其中一个议题——移民，因此后文的分析将从当前这个最具争议的话题开始，更加仔细地审视历史照进现实的意义。

第六章
蛮族入侵

对西罗马帝国来说，罗马文明出现完全崩溃的地方是不列颠。拉丁语、别墅、教育、成文法、基督教：这些是古典文化的典型特征，但在英吉利海峡以北的地区，统统消失了，复杂经济交流的迹象也毫无踪影。20世纪80年代，人们曾希望更新、更成熟考古方法能揭示西罗马帝国解体后一些重要的城市规划，而这些城市规划在之前可能被忽视了。然而，40年过去了，唯一浮现出来的只是赫特福德郡圣奥尔本斯一根翻修过的水管，以及什罗普郡罗克斯特一些稍显牵强的柱坑。约克郡此前发现了9世纪的盎格鲁-撒克逊陶器，就埋藏在罗马军团司令部坍塌屋顶的瓦片之下，后来被证明是野兔刨坑的杰作，并不能说明公元8世纪省督官邸仍然屹立不倒。公元400年后的几十年里，城镇完全消失，手工艺和制造业也随之消失，专门的陶器工业被本地手工制作取而代之，硬币完全退出流通。当时的经济如此萧条，甚至出现了重新加工碎玻璃的市场。

从19世纪中叶开始，各位学者将罗马的衰落归结于一个主要原因：早期盎格鲁-撒克逊移民的到来。人们早就意识到，尽管英语的拉丁语后缀主要是诺曼人传下来的，但英语从根本上来说是日耳曼语支。维多利亚时期的语言学家经过研究还发现，每个英格兰地名，从最小的河流到地貌上的每一个小突起，都是盎格鲁-撒克逊词源，而不是凯尔特或拉丁词源。19世纪后期，科学考古学第一次盛行，准确无误地确认英吉利海峡北部出现了新的物质文化，大致可以追溯到公元5世纪，且根源显然是在非罗马治下的北欧，这样的发现会引出什么样的结论是显而易见的。原本存在于不列颠的罗马文明，已经被跨北海而来的大量盎格鲁-撒克逊人所颠覆，他们没有杀掉罗马化的凯尔特人，而是把对方赶到了威尔士、康沃尔和布列塔尼。

西罗马帝国解体后，帝国文化在不列颠的衰落最为

第六章 蛮族入侵

惨烈，但到了公元5世纪末，绝大多数地区都上演了不列颠的一幕。帝国每个角落的统治都被移民建立的王朝所取代，自那以后，因文化和经济大规模衰落而臭名昭著的时代拉开序幕，这一时期也称为"黑暗时代"。

第一次脱欧

近年来，考古学和遗传学领域的最新研究迫使人们重新思考，大规模的盎格鲁-撒克逊移民是否在人口上压倒了罗马文明的观点。公元5世纪，可能确实有更多的移民来到不列颠（从比例上来看），而不是迁移到西罗马帝国的其他地方，但数量并不是真正的问题。直到20世纪50年代，人们都认为英吉利海峡以北的罗马文明只是薄弱地覆盖在这块荒凉偏远、人口有限的地貌之上。当时，一位杰出的历史学家认为，盎格鲁-撒克逊人的接管并非移民与土著之间的斗争，而更像是"人与自然环境"的斗争，这个观念让人们更容易想象，小规模、不连贯的本地人口如何被外来的盎格鲁-撒克逊人驱赶到地理边缘。然而，过去两代的研究明确表明，这是一种基本的误解。随着考古调查工作的完善，可以明确的是，罗马时代定居点的数量呈指数级增长，以至于人们现在估计，帝国晚期罗马不列颠的人口达到了类似于前现代的最高水平，即400多万人，这一水平直到黑死病前夕的14世纪初才再次实现，而其间过了1,000年。因此，认为大量人口被赶到不列颠西部边缘的观点是荒谬的。

随着调查工作的进一步展开，遗传分析取得了非凡的进展。不过极端民族主义圈子误解和误用了其中一些成果，用来支持这样一种观点——英国人口过去和现在都存在着可以识别的基因，其地位如今受到过度移民的威胁。现代英国男性确实广泛存在着一个特定的Y染色体突变：工业革命促使英国和欧洲的人口发生流动，但有些人口在此之前便来到了英格兰，而该突变有40%—50%是源自当时这些移民的男性后代。该突变可能确实起源于北欧人群中的某个地方，即北海的另一侧。但这种观点认为盎格鲁–撒克逊时期有50%的人口被移民替代，本身有着很大的缺陷，因为人们无法确定这种突变何时首次出现，很可能凯尔特人、盎格鲁–撒克逊人和维京人当中都有这个突变：他们随不同的迁徙潮从欧洲大陆北部进入了不列颠。即使有确凿证据，可以确定这种突变是盎格鲁–撒克逊独有特征（实际上不存在这

第六章 蛮族入侵

种可能性），但现在测量的是该突变在21世纪现代英国男性中的分布率，而不是在盎格鲁-撒克逊迁徙时期的分布率。公元5世纪和6世纪，盎格鲁-撒克逊移民在英国南部的土地拥有者当中占大多数，这意味着他们在获取食物和其他形式的财富方面具有相当大的优势。正如随后的建模所显示的那样，这些移民只需获得些许基因传递的优势（他们的社会地位保证了这一点），最初只占总人口5%—10%的男性移民，其基因突变很快就能轻松占到人口的40%—50%。这一比例超越了欧洲大陆其他地方的移民比例（哥特人和汪达尔人不太可能在他们靠近地中海领地的总人口中占到1%），但没有从根本上改变情况。无论如何，公元5世纪和6世纪盎格鲁-撒克逊移民与当地罗马不列颠人的互动都比较少，而遗传学方面最大的成果表明，英国人并没有什么明确的基因特征（法国人或挪威人也是如此）。[21]

不列颠罗马文明崩溃的程度之深，真正原因并非英吉利海峡以北的移民规模，而在于谈判的规模。在欧洲大陆，尤其是468年君士坦丁堡远征军惜败汪达尔之后，大片罗马领土一下落入规模高度扩张的新联盟控制之下。西哥特人、汪达尔人以及后来的法兰克人和东哥特国王发现，在占领大片土地之后，他们需要与大量坐拥罗马土地的地主精英谈判。而且，这些土地所有者握有可以讨价还价的重要筹码：他们实际上掌握了社会控制大权，包括对大量农业生产者和权力意识形态的控制，也包括行政能力，尤其是提高税收的能力，这些都有助于快速而稳定地建立新国家。因此，新兴的大陆君主国纷纷愉快地跟这些地主精英达成了类似的协议，结果就是，在英吉利海峡以南的许多地区，后帝国时代的社会秩序仍然有众多罗马地主的身影，他们共同保存了罗马文明的重要元素。在某些地方，正常发挥功能的罗马法律和财政体系也至少在短期到中期内得以维持，基督教和精英拉丁文化成了所有大陆继承国的永久特征。

对罗马地主来说，这种谈判从来都是有成本的（这也是外界怀疑他们是否自愿参与谈判的原因之一）。继任国的国王打天下靠的是士兵，其中一些位高权重的追随者——各王国的这类人员加起来数以千计，他们期望在浴血奋战打下江山之后得到丰厚的回报。如果奖励太少，他们就会毫不犹豫地投靠其他领袖。土地是唯一可靠的巨大财富，这意味着继任国的国王需要掌握大量的土地，才能满足手下这帮拥趸。虽然新建立的王国之内有一些公共土地储备，但不足以满足大规模需求，因此每个王国之内的罗马地主都不得不放弃一部分土地，献

第六章 蛮族入侵

给新主子（按照基本经验法则，王国的规模越小，需要献出的土地百分比就越大）。于是，英吉利海峡以南的罗马地主牺牲了一部分土地，但至少保住了部分财富，同时，他们与新来的野蛮精英生活在一起，得以将现存文化的重要部分传递给了对方。即使北非的汪达尔征服者（自18世纪以来，他们的名字就是无意义暴力的代名词），也很快学会了享受罗马别墅，欣赏拉丁文诗歌。6世纪下半叶，一位颇有造诣的拉丁文诗人从意大利北部搬到法兰克王国，发现自己的诗作在克洛维子孙后代的宫廷中同样受欢迎，这些后代身上有着法兰克人和罗马人的血统①。大陆的罗马地主为了保命而进行的谈判，至少保证了西罗马帝国灭亡之后，拉丁文化和基督教还能延续下去。

这就是不列颠历史与西罗马帝国其他地区的根本不同之处。5世纪踏入不列颠的"野蛮"盎格鲁－撒克逊移民与欧洲大陆的其他移民完全不同。后者是在匈人的外部冲击之下无意中进入罗马领土的。公元5世纪初的几十年，他们刚刚进入罗马境内时，仍然需要与军事力量强大的西罗马帝国对抗。

---

① 公元486年，克洛维打败了罗马帝国在高卢的最后一任总督西格里乌斯，独占北高卢，是法兰克王国的奠基人和国王。——译者注

然而，当时的不列颠在某种程度上已经脱离了罗马中心的控制，宣布独立。其过程很漫长，且时不时被拉达盖苏斯、汪达尔－阿兰人和亚拉里克率领的西哥特人所中断。公元5世纪初的几十年，不列颠行省的许多罗马地主仍然占据着重要地位。然而，最初的反叛导致他们被彻底踢出罗马帝国的体系，尽管他们后来意识到自己地位的脆弱性，多次呼吁恢复中央控制，但都无疾而终。这些地主现在必须自己组织起来，抵抗来自苏格兰和爱尔兰的掠夺者。这些掠夺者争先恐后地想要捡大便宜，所以很快就招募了北海对面的盎格鲁－撒克逊战团，补充兵力。根据目前唯一可信的资料，当这些雇佣兵意识到，自己可以完全占有雇主的土地，而且无人能够阻挡，便从欧洲大陆招募了更多兵力，事态变得越发不可收拾（很可能是从公元5世纪40年代初开始）。结果，独立领袖麾下的小批盎格鲁－撒克逊移民逐渐建构起自己的领地。从这层意义来说，盎格鲁－撒克逊人代表的是一种延续的过程，在这个过程中，公元3世纪曾属于边缘地带的强大团体，后来占领了莱茵河与多瑙河之间的帝国领土，也占领了特兰西瓦尼亚达西亚。

这种占领模式意味着，不列颠南部地区从来不像欧洲大陆那样，有大规模的谈判机会，更何况在无须与罗

第六章 蛮族入侵

马帝国军团对抗的情况下，独立的盎格鲁－撒克逊战团领袖也没有理由去接受至高王①的领导。在历史滚滚向前发展的过程中，不列颠的整个罗马地主阶级及其文化价值观都被清扫一空，罗马别墅的一砖一瓦就这样被毁，整座大厦也土崩瓦解。不列颠的罗马地主阶级最后一次向西罗马帝国中心求助，而帝国此时自身难保，北非刚刚落入汪达尔人之手，已经拿不出资源拯救备受困扰的罗马－不列颠地主。于是，不列颠的后罗马文明彻底崩溃，从此进入异教信仰兴起、拉丁文化消逝的黑暗时代，其原因并非野蛮人的移民，而是不列颠自愿与罗马世界切割的行为，这是历史上最原始的脱欧。

移民与帝国终结

因此，在讨论古罗马时代的移民情况时，只有盎格鲁－撒克逊的移民模式才接近"野蛮人压倒伟大文明"的传统描述，然而，即使不列颠南部也并非完全是"野蛮"暴力的后果。在西罗马帝国其他地区，移民主要是匈人所引发混乱的间接结果，而非掠夺性入侵的直接后

---

① 指至高领袖，万王之王。——译者注

果,这一过程当然也充斥着暴力因素,但它促进了谈判的展开,并借此将旧帝国文化的重要特征转移到新的世界秩序中。所谓的"蛮族入侵"吸引了当代研究者的诸多目光,然而罗马帝国崩溃时代的迁移模式与这种传统形象并不相符。即便如此,那段历史还是能帮助人们理解现代西方及其边缘地带正在经历的移民潮。

为此,我们需要认识到人类移民的两个必要特征。首先,移民是种族战略计划中的固有特征。自从早期人类的散居范围跨越非洲,延伸到其他大陆以来,人类便一直在寻找更丰富的狩猎场或更肥沃的耕地,并为此持续迁徙。尽管人类有时候找不到这样的理想之地,但大脑容量的增加使人类能够使用服装、工具和食品加工技术,从而弥补身体进化的不足,在地球的各种环境之下繁荣发展。因此,对移民的比较研究可以得出这样一个明显的结论:只要有运输条件,有信息可用,且没有政治结构施加其他障碍,就始终会有人口从较贫穷的地区流向较富裕的地区。其次,移民从来都伴随着痛苦。对于大多数移民来说,离开亲人和故土,前往陌生的新世界,会造成情感上的痛苦,更不用说移民过程中涉及的所有危险和不安全因素了。从罗马帝国晚期被杀害或被奴役的野蛮人,再到今天死在欧洲海滩上的儿童,移民

第六章　蛮族入侵

从来都伴随着风险和悲伤。

在这种机会、需求和困难并存的普遍背景下，帝国的生命周期中往往会产生一些更具体的移民模式。正如我们所见，当帝国处于扩张阶段时，会刻意创造有利于大规模移民的各种条件——提供新的经济机会、安全保障和交通路线等，甚至会出台政策来鼓励移民，以确保帝国的核心利益。移民有可能改善自己的生活，也有可能改善整个帝国结构。罗马帝国建立起来之后，意大利向外输送了很多移民，为帝国的新行省出力。但这些行省本身也会通过自愿和非自愿机制，吸引边缘地带以外的劳动力。对现代西方来说，扩张时代核心地区的移民输出在原则上与罗马帝国类似，但实际上更为戏剧化。这是因为现代西方帝国扩张的时代背景变了，人口发展模式也大大改变，医疗和营养状况改善，出生率上升，欧洲人口一度创下了历史性纪录，占到世界总人口的四分之一。在这样的人口背景下，吸引帝国边缘地带之外的劳动力进入新省份的需求便减少了，尽管一些脏活累活还是需要外来人去干。

然而，第二次世界大战以后这种模式发生了逆转。英国、法国和荷兰等后帝国时代的国家向其前殖民地的移民敞开了大门。那些曾经不是或者已经失去帝国的国

帝国为什么衰落
— 罗马、美国与西方的未来 —

家,如德国,引进了工作结束即返回祖国的"客籍工人"(德国的客籍工人通常是土耳其人)。这些"客籍工人"工作结束时已经在当地成家立业,有了归属感,往往会选择留下来,这点不难理解,再说国家足球队也不想失去最佳球员①。与此同时,一直依赖移民来增加劳动力供应的国家,如美国、加拿大和澳大利亚,发现传统的欧洲劳动力来源正在枯竭,因此越来越多地转向发展中国家的移民。

  初看之下,联想到罗马帝国晚期的蛮族入侵,人们可能会忍不住用"浪潮"来比喻帝国和移民之间的关系:帝国兴盛,移民就像潮水一样向外涌动,帝国衰落,移民又像潮水一样退回。在西方国家一些极右翼的讨论中,这种比喻非常普遍。在他们看来,帝国时代欧洲文化在全球范围内的扩张无疑是"好"事情,并且将这种扩张与南非和罗德西亚(今津巴布韦)等旧殖民地所谓的当前趋势,即"白人灭绝"进行比较。他们甚至更富夸张意味地警告说,西方可能发生"白人替代"。在他们看来,古代野蛮人在当今世界的翻版——现代蛮

---

① 20世纪许多土耳其人移民到德国并永久定居,是德国国家足球队移民球员的主要来源,为德国国家队贡献了不少天赋异禀的球员。——译者注

第六章 蛮族入侵

族扭转了西方在殖民地的发展，越来越多地将战斗带入帝国原有的核心地带。现代野蛮人就是那些站在国家大门口的移民，让他们进来会不可避免地导致财富损失、文化凝聚力丧失和暴力激增，而最坏的情况下，甚至会发生人口替代。在西方那些情绪不满的选民当中，这种比喻占据了一席之地，但其依据是错误的。且不论这个观点所依据的价值判断存在严重问题，现代人口流动，移民进入西方，是移民和帝国之间关系的产物，与罗马帝国灭亡时帝国与移民的关系截然不同。

20世纪中期，欧洲人口的爆炸式增长逐渐结束。西方国家的繁荣使它们在第二次世界大战后有能力建立"从摇篮到坟墓"的社会福利体系，包括丰厚的养老金和完善的医疗保险制度。西方社会的个人财富也大幅增加。第二次世界大战后的25年里，西方国家的人均收入平均每年增长4%—6%，这意味着个人收入大约每10年翻一番。随着经济安全感的提高，家庭规模相应减小。如果国家可以妥善地照顾老年人，尤其是在私人养老金的补充下，人们也就没有必要生很多孩子，而且基本上每个出生的孩子都能存活下来。因此，在第二次世界大战后的生育高峰之后，西方国家的出生率恢复了长期下降的趋势；所谓"生育转型"的第二阶段现在已全面展开。第二次世界大战结束以来，美国家庭的平均子女数量减半。如今，在经济合作与发展组织发达国家中，只有冰岛和以色列家庭生育的孩子足够多，能维持现有的人口水平（通常每名妇女生育约 2.1 个孩子）。其他地方的本土出生人口正在减少，意大利、德国、匈牙利和日本尤甚。

随着西欧生育率的急剧下降、人口的减少，大多数欧洲国家不仅失去了作为世界经济重要劳动力输出的角色，而且在满足自己国家的劳动力需求方面，也开始面临困难。如今劳动力供应有了其他来源，而且明显来自旧帝国边缘地带的发展中国家。这是因为，这些国家在第二次世界大战后的医疗和营养水平也有了进步，因此也出现了 19 世纪末期欧洲所经历的人口激增。到 20 世纪中叶，只有发展中国家才能找到大规模的富余劳动力，而西方国家对此采取了相应的措施。因此，现代移民涌入西方和罗马帝国晚期"蛮族入侵"的所谓类比是站不住脚的。

公元 4 世纪晚期和 5 世纪早期的移民潮由匈人扩张等外部冲击引发，而在那之后，移民在罗马领土上的发展全靠自力更生，他们经过重组，建立了日益庞大的政治联盟。整个移民过程——包括其起源和后来的发展——

第六章 蛮族入侵

都不受罗马的控制。相比之下，现代移民要想进入西方国家，大多数都会受到寻求劳动力的移民接受国的控制。即使移民密集的美国，通过非法途径进来的"非法移民"占总人口的比例也不到5%。

因此，右翼政治家的大部分言行，如奈杰尔·法拉奇（Nigel Farage）在英吉利海峡巡航并寻找移民船只，鲍里斯·约翰逊（Boris Johnson）用罗马帝国的衰落来警告如今不受控制的移民潮，还有帕特·布坎南（Pat Buchanan）将非法移民比作哥特人，无一不是基于这个站不住脚的类比。当今，非法劳工在美国活得心惊胆战，而北非汪达尔战士在罗马活得舒坦美好，二者完全没有相似之处。美国的"非法"移民常常生活在恐惧中，时刻警惕和躲避移民执法人员的出现。这些移民备受污名化的攻击，他们的孩子也常常担心父母被驱逐出境，骨肉分离。尽管非法移民及其家庭的身心健康状况可能远不如当地公民，但他们获得医疗保健的机会却非常有限。哪怕医疗保健资源摆在面前，他们也常常会因为担心被揭发而不敢用。在所谓"蛮族入侵"的议题上，进入现代西方帝国的移民，与当时强行跨越边界并占领罗马大片土地的大规模、有组织的军事联盟相比，没有丝毫相似之处。最近，匈牙利通过了一项法律，警

帝国为什么衰落
— 罗马、美国与西方的未来 —

察无须通过正当程序就能将寻求庇护者驱逐回国，导致进入该国的人数减少了75%以上，而罗马帝国晚期只能梦想着通过立法制止入侵的发生。

最根本的是，古代和现代的移民与财富之间的关系完全不同。罗马帝国晚期，有组织的大规模移民必然会让某些人蒙受巨大损失。移民的哥特人、汪达尔人、盎格鲁-撒克逊人和其他人都在争相获取主要资产——土地，但要想获得这种资产，要么把罗马地主的所有土地都抢夺过来（如当时的不列颠），要么夺取一部分（例如当时欧洲大陆通过谈判获取部分土地），同时他们让大部分财政来源脱离中央控制，帝国因此陷入崩溃。相比之下，现代经济可以通过前所未有的方式增长，因此对于新公民来说，财富的获取不必以牺牲现有公民为代价。这就是为什么1945年后，很多西方国家政府实际上鼓励移民的原因所在。因为，在现有劳动力短缺的情况下，他们认为移民可能有助于扩大自己可支配的经济和财政基础的总体规模。

尽管最新研究对移民的经济影响有了更细致的观察，更能注意到移民造成的不均衡影响，而不是像过去那样一味宣扬其好处，但上述判断大致上是正确的。一般情况下，西方社会中较富有的群体会更多地从移民当

第六章 蛮族入侵

中受益，而传统的工薪阶层则受益较少。作为一种劳动力供应，移民的确会影响人们的工资，否则在劳动力有限的情况下，照道理工资会上涨。现在人们对相关政策给予了更多关注，例如帮助移民参与东道国的经济发展，从技能培训到语言教育等各项政策。但即便考虑到所有这些因素，通常的研究仍然表明（尽管一些西方政治家另有主张），移民对接受国的整体经济来说是一笔净收益。例如，国际货币基金组织的一项主流研究估计，移民人口规模每增长1%，长期GDP将增长2%。虽然一些反移民的政治家有时会为自己的立场辩护，说他们不反对移民本身，只是反对"不良移民"——即他们口中的非法移民或者"无技能"移民，但实际上，这二者通常指的是同一批人——即使无技能移民也能创造更多经济效益，而非增加更多成本。以美国为例，非法移民在劳动力市场中的占比高于他们在总人口中的占比，这表明他们当中有相对较高比例的人积极参与了生产性经济。

因此，自1945年以来，移民开始在维持西方残余经济活力的过程中发挥重要作用。然而，这种作用还不足以挖掘本质，解释移民对不断发展的西方生活的整体贡献。从另一个更直接的角度来看，如今维持西方人生

帝国为什么衰落
— 罗马、美国与西方的未来 —

活的正是外来移民。要理解其中的原因，我们需要分析西方财富增长以及生育转型对平均家庭规模的长期影响。

1945年后，西方前所未有的普遍繁荣迅速产生了悖论。在这种繁荣之下，西方的家庭规模缩小，加速了出生率的下降，与此同时，人们的平均预期寿命显著提高。战后美国人的平均寿命为67岁；如今，他们的平均寿命是79岁。意大利的改善更为显著，同一时期内的寿命从60岁延长到了83岁，最令人惊讶的是日本，其人均寿命从当时的52岁延长到了84岁。从许多方面来看，这都是一项了不起的成就。相比之下，他们生活更富有，寿命更长，而且拥有更多休闲时间，但这样也会产生经济上的不足，即任意时间参与劳动力市场的人口比例降低了。

回顾1960年，日本退休人员占人口的十分之一，而今天则占到近三分之一。美国和英国的比例没有那么戏剧性，从大约10%增长到分别约15%和18%，但这个数字仍然相当可观。因此，经济依赖者与在职劳动者的比率大幅上升。1960年，日本每一位在职劳动者需要养活一个人，而且其中大多数是不久就会进入劳动力市场的青少年。到了今天，每位在职劳动者需要养活两

第六章　蛮族入侵

个人，而且其中大多数都是退休人员。因此，西方的财富及影响在其劳动力市场中创造出大量的新缺口，而移民通常被用来填补这些缺口。

某些经济领域对移民的依赖特别严重。随着寿命的延长，与老年人相关的慢性疾病大大增加，比如糖尿病、关节炎、帕金森病、痴呆等。以英国为例，奈杰尔·法拉奇一直将英国国家医疗服务体系（NHS）不断上升的费用归咎于移民带来的过度需求。法拉奇此言不差，英国医院的病房里确实挤满了外国人，但其中大多数是医疗专业人员。在NHS体系工作的医生，有三分之一以上来自国外，这与经济发展与合作组织国家的平均水平基本相符。当然，硬币的另一面——对发展中国家来说，有五分之一的非洲医学院毕业生最终到了海外工作。

因此，西方福利国家压力上升的原因并不是外国人的涌入，而是其自身战后繁荣带来的后果，即人们的寿命延长，抚养系数大大增加。西方国家依赖外国培训的医护人员，不仅使许多公共医疗系统免于崩溃（否则澳大利亚和加拿大的医疗系统将无法正常运转），还将培养医疗人员的大部分成本转嫁到其他国家，从而为西方纳税人节省了大量资金，因为培养一名医生的成本超过 30 万美元。再加上那些在经济各个领域发挥关键作用的短期和长期移民,比如水果采摘也好,经营公司也好,都让人很难低估移民对维持西方长久以来生活方式所起的经济作用。因此,无论是现在,还是可预见的未来,对现代西方国家来说,移民问题都应该采取完全不同的成本与效益公式计算,这与罗马帝国晚期的情形完全不同。

筑起围墙!

许多西方选民群体都对移民持敌对态度。他们担心失业,担心收入和文化凝聚力受到影响,因此抱有恐惧情绪,而边境的无秩序移民潮和西方城市偶发的恐怖袭击,进一步煽动了这种恐惧。这种憎恶是如此强烈,以至于一些西方领导人引人注目的举动,例如英国脱欧、美国特朗普上台、德国极右翼政党——德国选择党(AfD)等,都受到了这种情绪的左右,一些更主流的政治家甚至想方设法减少其国家对外国劳工的依赖。然而,在人口老龄化和抚养系数不断增长的时代,任何大规模的移民减少都必然会对经济繁荣产生不良影响。英

第六章　蛮族入侵

国脱欧后限制了来自欧洲的移民，国家开始面临严重的劳动力短缺问题，并进一步导致成本上升，供应下降，许多想要装修房子或在机场等行李的人很快就发现了这一问题。

西方国家的面前有一系列政策可以选择，他们可以粗暴地关上国门，拒绝移民入内，以维护社会政治和文化现状。现代日本基本上走的就是这条道路——对移民提出严格限制，这样移民劳工几乎不能获得长期居留身份，或将其家人带到日本，但这样做的代价很高。20世纪90年代初，日本的经济增长几乎停滞不前，自那以后也几乎没有改观，因为其人口老龄化和对公共服务的需求变得更加繁重。如今日本劳动人口需要养活的退休人口比例远远超过其他发达国家，其严厉的移民政策就是关键因素之一。今天，日本的退休人员已经占总人口的30%，每一日元的税收就要拿出一半以上用于社会保障。换言之，政府需要大举借款来支付其他费用，比如教师工资和垃圾收集等。因此，彻底禁止移民似乎成了绝对经济衰退的导火索（尝试用机器人护理老年人就是例子）。日本以社会凝聚力和低犯罪率著称，从中可以看出严厉移民政策的好处，但此举也伴随着巨大的代价，以至于日本最近也已开始为疗养院引进劳工，创造可以让移民获得永久身份的法律窗口。

因此，西方国家平常更加偏爱的选择是，制定相对宽松的移民政策，但同时提出严格限制，并且在可能的情况下，倾向于接受与本国种族和文化特征相似的移民。因此，唐纳德·特朗普明确表示，他更青睐来自挪威的移民，而不是非洲的移民。然而，指望其他发达国家的大规模移民是不现实的，因为几乎每个经济合作与发展组织成员国都受到生育转型的影响，而且现在它们彼此的经济前景差异并不大，不足以让大量移民承担重新定居他国带来的文化和个人成本。事实上，较大规模的移民只能来自正在经历生育转型第一阶段的边缘地带，这些地方的人口出生率要高得多，而且家庭规模处于刚开始缩小的阶段。

还有一种解决方案，即所谓的"基于需求"的移民体制，发达国家允许经过仔细审查的移民填补特定的技能短缺岗位，（据称）这一政策举措不会降低工资，或增加社会体系的负担。一些政治家希望通过这种办法逐步减少移民人数，但实际上，无论哪个国家采用这个办法，都不会减少移民的总体数量。如果英国像加拿大或澳大利亚一样，采取经济实用主义的移民制度，实际上还会增加其移民人数。加拿大使用高度选择性的移民政

第六章 蛮族入侵

策来保持其劳动力和抚养系数的平衡，通常每年的移民人数约占其总人口的1%。如果套用到英国身上，则意味着每年要接纳65万移民。此外，新冠疫情期间，人们更加注意到"关键"劳动者的重要性，许多工作领域的重要成员并不具备高技能，但仍然来自国外，因此，选择性的移民政策要做的是开展理性评估，而不是推动选举焦虑，而且必须适当考虑低技能劳工短缺的问题。英国政府最近的做法强调了这一观点——东欧移民多年来都被妖魔化，而当新冠疫情达到巅峰，这些移民纷纷回国，英国的农作物无人收割，英国政府不得不放低身段，恳求他们回来。因此，如果英国采取合理的移民政策来应对劳动力短缺和抚养系数增长的问题，可能将不符合许多脱欧支持者投票"夺回控制权"时所期望的结果。脱欧可能会减缓中东欧移民的进程，但最终可能会被来自非洲、亚洲或南美洲较不发达地区同等数量或更大规模的移民所取代。

即使罗马帝国晚期的大规模"蛮族入侵"不能与现代西方移民类比，但这种入侵仍然能作为有效案例，让我们分析为什么二者不能等量齐观。罗马帝国晚期的移民形式具有特殊性，很快演变成了争夺有限土地资产的武装斗争。与此形成鲜明对比的是，第二次世界大战以后进入西方国家的移民通常会产生更多的经济利益而非损失,此外,随着西方本地人口的老龄化和抚养系数的上升,这种好处还在增加。尽管出于文化和政治原因,一些国家可能会像日本一样,实施严格的移民控制政策,但这些政策可能会降低长期生活水平,特别是在人口老龄化和生产力停滞的背景下,影响更为明显。移民并非没有成本,它会对移民、移民接受国以及移民的母国都产生影响。政治家有必要对移民的利弊权衡进行更加坦诚的表述。此外,要是他们能偶尔参考现代移民进程中那些最重要的事件,可能结果会更好。

  过去的 100 年里,确实发生了有史以来规模最大的人口流动,但其中只有一小部分进入了西方国家。发展中国家当中,离开农村的公民数量大得惊人,远远超过了古代最大规模的"蛮族"入侵,但绝大多数人最终定居在附近的沿海和沿河城市,比如圣保罗、拉各斯、孟买等地,短短几十年内便从殖民地前哨变成了令人震惊的大都市。实际上,真正对西方持续繁荣和全球影响力构成挑战的,正是这种距离西方边境数千英里之遥的人口流动,而不是在西方进入老年社会之际,因亟须补充劳动力下降造成的缺口而招募的那些移民。

第七章

霸权与边缘地带

1999年，对比尔·克林顿个人来说是重大而又不平凡的一年：他发表了洋洋得意的国情咨文，弹劾案获无罪宣判，在民意调查中名列前茅，国家经济蓬勃发展，股市不断攀升，一切都是利好消息。克林顿打算用同样"辉煌"的时刻来为这一年画上句号：主持在西雅图召开的全球贸易峰会，为西方模式在全球范围内的传播欢呼喝彩。

自第二次世界大战以来的半个世纪，西方政府一直主导着全球贸易议程，与布雷顿森林会议的构想保持一致。关贸总协定或其继任者世界贸易组织的典型做法是，少数富裕国家就某项协议达成一致，然后将其作为既定事实呈现给其他所有国家。到1999年，发展中国家一直渴望能够在谈判桌上占有一席之地，并有机会提出美国一直拒绝纳入议程的问题，其中最重要的一项是发达国家坚决拒绝开放其农业市场。遗憾的是，克林顿没能实现愿望，正是在他主持的这届峰会上，事情偏离了既定轨道。峰会开幕时，从工会到环保主义者，各个群体聚集在一起举行示威抗议活动，西雅图陷入一片混乱。与此同时，克林顿企图强行通过一项协议，几乎又一次置发展中国家的要求于不顾。为此，在印度和墨西哥等重量级国家的领头下，一些发展中国家联合起来，提出一致反对。1997—1998年金融危机期间，美国以提供援助为由，强加财政紧缩政策，导致许多国家至今仍在艰难应对。峰会期间，西雅图抗议活动肆虐，警方宣布进入紧急状态，国民警卫队进驻城市，会议厅的讨论陷入停滞，克林顿只好宣布峰会陷入僵局。

  现代边缘地带并没有发动武力入侵，而是利用外交手段，向美国领导的西方帝国阵营发出了警告。在第二次世界大战以后50年来的贸易谈判历史中，帝国中心的议程首次受阻。这期间发生了什么变化？

第七章 霸权与边缘地带

全球化

尽管战后全球繁荣的主要影响是提高了西方的生活水平，但它还增加了对欧洲旧殖民地不发达经济体生产的原材料的需求。第三世界的经济因此有所增长，但在相对层面上进一步落后于西方，因为大多数新独立国家采取的是内向型的保护主义发展战略，旨在生产本地产品，以替代殖民时代进口的西方工业产品。这种战略的本意是通过经济独立提升政治地位，但它们产生了相悖的效果，将不发达地区固定在了后殖民时代的边缘地带。新兴的本地产业仍然依赖于进口的西方技术和机械，因此这种战略无意中延续了同样的经济模式：出口一切能出口的初级产品，其中包括食品和用于西方工厂的原材料等，然后用这些收入来购买西方工业品。

20世纪70年代，战后秩序开始崩溃。独立的新兴国家利用对初级商品的需求激增，建立制造业部门，因此纷纷出现快速扩张，然而进口替代模式一旦达到自然极限，便无法再带来高水平的增长。国内市场饱和之后，新兴产业的唯一选择就是走初级产品的路线，尝试出口。但许多工厂配置的机械设备都是西方的二手货，而且日渐过时，它们一来没有新技术，二来没有获取新技术的资本投资，因此很难在世界经济市场上竞争。

对西方世界来说，战后的繁荣也逐渐消退。到20世纪60年代末，自1945年以来一直处于休眠状态的通货膨胀逐渐苏醒。20世纪70年代爆发了两次石油危机，在一定程度上也起到了推波助澜的作用，通胀率达到了恐怖的两位数。石油输出国组织欧佩克（OPEC）联合当时的一些边缘国家和地区，控制了流向世界经济领域的石油供应，导致原油价格涨至原来的四倍，从西方国家抽取了更多的资金。与此同时，西方世界的劳动生产率增速开始放缓，在职劳动力的占比开始减少。这两个发展趋势都导致了劳动力成本的上升。最终结果便是出现滞胀，即经济增长微弱但通货膨胀严重的噩梦场景，这让20世纪70年代的许多政治家夜不能寐，无论是英国首相詹姆斯·卡拉汉（James Callaghan），还是美国总统吉米·卡特（Jimmy Carter），都如坐针毡。到20世纪80年代初，西方经济陷入衰退，物价每个月都在上涨，抵押贷款利率上升至接近20%，西方人挣得更少，支出却更多，政府"从摇篮到坟墓"的福利计划难以为继。

经过一系列失败的倡议、国家补贴和无效的国有化

第七章 霸权与边缘地带

之后,一大批西方政治家逐渐接受更为激进的解决方案,并在一些所谓的新自由主义经济学家之间达成了共识,如米尔顿·弗里德曼(Milton Friedman)和弗里德里希·哈耶克(Friedrich Hayek)。他们提出放弃主流的凯恩斯主义经济管理模式,削减公共支出,用极度自由市场的观念取而代之,并鼓励企业将世界视为自己的舞台。自第二次世界大战以来,技术的改变确实减轻了生产负担,降低了距离对价格的影响。在早期工业时代,工厂通常必须将作业地点设在主要原材料和主要市场的来源地附近,以控制昂贵的运输成本。然而,随着零部件的微型化和塑料的崛起(例如告别了20世纪中期的木质电视机,那是用笨重的金属和玻璃零件制成的),一次运输过程可以实现更大的价值。此外,运输成本也下降了。集装箱的发明,即装满货物的大型密封钢箱,从货物起始地便保持密封状态,直到抵达目的地为止,意味着不仅"泄漏"更少(因为中途不用对货物进行处理,所以任何货物都不会"从卡车后面掉下来"),所需的人力也更少。而且整个集装箱的转移可以由吊机操作员完成,无须装卸团队参与整个交通链条的每个环节,例如从卡车搬运到火车,再从火车搬运到轮船,如此循环往复。此外,通信技术有了长足的进步,从传真机再到互联网,让企业能够监视海外供应商的运营情况,将越来越多的运营环节迁移到越来越远的地点。

企业要想充分利用这个技术驱动型的新时代,必须先消除有关障碍和规定,能顺利在海外开展运营,这便是政治家能派上用场的地方。20世纪70年代末,以玛格丽特·撒切尔(Margaret Thatcher)和罗纳德·里根(Ronald Reagan)的选举为开端,西方政府开始取消资本管制,放松对跨国现金流的管制,减少征税,同时动用各自的外交和财政影响力,迫使发展中国家开放国内市场,接受外部贸易和投资。世界银行和国际货币基金组织对发展中国家的援助开始附加所谓的"条件"条款。为了换取财政支持,接受援助的政府被迫减少贸易壁垒,将国有企业私有化或解除市场管制,开放国内经济,接受外国公司和投资者的进入。

西方国家在这条路上一直走得很顺畅。全球边缘地带的政府正在寻找新的出路,满足不断增长的人口需求,提供就业机会、住房和服务,而此时进口替代策略也走到了尽头。与此同时,这些国家刚刚独立时那些寻求政府保护,免受外国竞争影响的国内商业阶层也成长起来,有了更多的自信。20世纪50—60年代,印度的

第七章 霸权与边缘地带

塔塔家族等商业大亨一直在建立自己的业务，当时他们还需要国家的庇护，但现在他们已经做好准备，参与国际舞台的竞争。这些商界精英还渴望获取外汇、更便宜的供应品和新的市场，所有这些都需要减少公共部门的控制。他们在权力中心找到了支持新方向的盟友，其中有的是想要拉拢新支持者的政治家，有的是渴望改革的公务员。经过一代人的独立，从墨西哥到莫桑比克的一大片地区产生了一批受过西方大学教育、秉持技术专家治国论的公务员精英，他们愿意尝试新的经济管理办法，提倡减少国家对资源分配的直接控制。

他们还有一个令人钦佩的榜样可以模仿。战后的西方阵营面临着苏联的"威胁"，以及1949年中华人民共和国的成立，以美国为首的西方阵营希望组织一个地区性的对抗势力。他们利用贸易政策来促进日本和韩国、新加坡、中国台湾以及中国香港（当时，中国尚未恢复行使对香港的主权）等"亚洲四小龙"的经济增长。出于政治原因，这些国家和地区都被允许采取"不公平"的贸易实践，保护本国/本地区的工业免受进口的冲击，同时可以相对自由地进入西方市场。它们没有采用进口替代模式，而是选择了所谓的"国家推动发展论"。这些国家/地区培育了一些关键的出口产业，如

帝国为什么衰落
罗马、美国与西方的未来

汽车和电子产品，同时开放了其他经济领域，接受进口产品。这样做的效果非常显著。有一段时间，韩国的经济规模每六年就会翻一番（人们很容易忘记，在20世纪70年代以前，朝鲜一直是这个半岛上经济较为发达的一方）。西方国家对此感到满意，因为这样一来，他们便可以把产品销往不断扩大的市场，而且跟他们友好相处的民众也享受着新的繁荣。

于是，双方有了达成共识的基础和条件——西方国家可以让资本在全球范围内自由流动，发展中国家的政府也做好了准备，让外国（通常是西方公司）更容易雇用他们的工人，将进口零部件装配为成品，然后重新出口。而这一目标要么通过建立海外子公司，要么通过与当地企业（如塔塔公司）签订合同来实现。正如上一章所述，随之而来的是世界上有史以来最大规模的人口迁徙，这是支撑当时经济蓬勃发展的最后一个因素。

在第二次世界大战后的几十年里，许多边缘地带的主要城市都挤满了农村移民，因为在他们看来，国家独立似乎能带来新的机遇。这意味着在全球化浪潮开始兴起之际，许多发展中国家的城市（特别是沿海城市），已经挤满了来自农村的数亿移民，这个规模让涌入西方国家的移民规模相形见绌。这些移民希望能在自己国家

第七章 霸权与边缘地带

新兴的工业部门找到机会,但进口替代提供的就业机会有限,很少有人能取得巨大成功。不过,后殖民政府大力投资学校和大学,所以这些移民通常能获得基础教育。随着西方国家放松管制,发展中国家得以向西方公司提供拥有基本技能和读写能力的大量劳动力,成本仅相当于西方劳动力的一小部分:有时移民只需五十分之一的报酬便能完成相同的工作。

里根和撒切尔时代的新自由主义全球化打开了充满活力的劳动力市场,使西方公司能够获得进入发展中国家的机会。西方公司开始将劳动密集型的装配工序,如纺织和汽车零件的生产,转移到第三世界,同时将高技能的办公工作,如设计、工程和管理,留在西方。随着时间的推移,新自由主义世界观不仅超越了西方保守党派的原有支持者,还在左派中得到广泛认可。不管是比尔·克林顿或托尼·布莱尔(Tony Blair)的"第三条道路",还是21世纪初德国哈茨改革的"新中间"形式(试图通过减少福利来"鼓励"求职者就业),又或是最近埃马纽埃尔·马克龙(Emmanuel Macron)在法国的改革计划,减税以及修订劳动法,这种新自由主义的思想都取代了凯恩斯主义,成为西方的主导经济学说。在新自由主义模式下,政府不再扮演管理经济、帮

帝国为什么衰落
罗马、美国与西方的未来

助企业和市民繁荣的慈善家角色，而是把一切都交给自由市场，相信"理性利己主义"会产生对社会有益的结果。新自由主义模式的关键要素之一在于对教育的强调，其理念是西方社会因为旧工业崩溃而失业的人口可以获取更具市场竞争力的新技能，改善就业前景，例如煤矿工人学习编程的陈词滥调。由于大多数发展中国家在20世纪90年代初便开始对外开放，由西方国家占主导地位的工业流程在全球范围内以极快的速度进行重组。西方世界的私人投资者，包括养老金基金等第二次世界大战后繁荣起来的大型机构投资者在内，需要更高的回报来履行他们对客户的承诺，热情地提供了推动这一全球经济转型所需的资本。

　　这些革命性的策略在短期内产生了预期效果，恢复了西方企业的利润，提高了股票价值和税收收入，让西方政府可以选择维持甚至扩大社会开支。那些束手无策，难以提高民众工资的政治家也松了一口气，因为自由化贸易和外包生产至少能控制通胀水平，每个人现在都可以购买更便宜的亚洲进口产品，而不是昂贵的国内产品。实际上，现代全球贸易模式背后的经济计算已经发生演变，变得跟古罗马帝国的经济模式相反。在古罗马世界，运输成本至关重要，而劳动力成本较低，因此

第七章　霸权与边缘地带

商品尽量靠近消费点生产。在全球化时代，运输成本微不足道——所有大型散装货船用几台计算机和几十名工作人员就能操控，而劳动力成本至关重要，因此商品会在劳动力成本低廉的地方生产，然后运往全球其他地方。早些年，尤其是20世纪90年代，这种新的国际秩序似乎对每个人都有利，第三世界繁荣发展，而西方世界股票飙升。

不过，并非所有边缘地带的社会都能从中受益。在某些情况下，政治家的贪婪会占上风。扎伊尔（现为刚果民主共和国）的财富被其长期领导人蒙博托·塞塞·塞科侵蚀了30多年。即使有的国家出了一位好的领导人，并从全球经济模式中获益，但进口替代时代以家长制作风为特征，很快就被更具竞争性和不安全的社会体系所取代，人们越来越需要自食其力，自谋出路。然而，只要发展中国家积极回应新的机会，经济增长通常都会加速，创造出新的商机和就业机会。尽管很久以来人们一直认为，边缘地带的增长缓慢是一种慢性病，这些社会永远比原来的殖民母国要贫穷，但此时新的局面开始出现。很明显，边缘地带的增长较慢是因为起步较晚。整个20世纪80年代和90年代，许多发展中国家都开始加大与外部世界的贸易往来（韩国和印度等国

帝国为什么衰落
罗马、美国与西方的未来

家的增长令人瞩目）。那些增长最快速的国家，其收益相当广泛和丰厚，并诞生了新的全球消费中产阶级。

然而，在表面之下，边缘地带不断增长的繁荣明显改变了西方全球统治的走向，就像历史上北欧长时间的经济和人口扩张，最终瓦解了一直以来支撑罗马崛起的权力平衡一样。公元前1世纪以及公元1世纪，地中海拥有巨大的资源基础，足以让罗马在整个北欧所向披靡。然而，随着这些地区的充分发展，帝国边缘地带先是利用北方的资源反抗帝国中心的统治，然后从占领的地盘出发，统治了整个地中海。与之类似的是（只不过现代社会是以工业发展速度衡量，而不是农业发展），第二次世界大战后大大为西方利益服务的布雷顿森林体系正是在美国实力达到历史巅峰时期制定的。1980年后，边缘地带的新经济力量开始以微妙却显著的方式改变这种力量平衡。包括印度、巴西、巴基斯坦和墨西哥在内的发展中国家开始更有效地调整自己的定位，以施加更大的影响力，并在国际会议上建立"联盟"。他们的能力更强，决心也更坚定，能为自己和其他发展中国家争取更好的交易条件，而且他们用来讨价还价的筹码也越发举足轻重：西方国家十分渴望获得机会，进入这些国家的市场。

第七章 霸权与边缘地带

考虑到这些发展轨迹，发展中国家的政府将更大的经济权力和更成熟的政府治理提升为政治影响力，不过是时间问题。1999年秋天午后的西雅图街头，来自西方民间社会团体的人群大规模走上街头，抗议他们认为自己在自由全球化社会中受到的不公正和不公平待遇。然而真正的行动发生在会议厅内，当催泪瓦斯的烟雾在外面的街道上蔓延时，新生的发展中国家联盟因对美国领导的后台交易不满而拒绝进行谈判，1999年世界贸易组织西雅图会议被迫取消。两年后，当会议好不容易在多哈重启，该联盟提出了一项完全不同的议程，让会议对发展中国家的问题有了更多的关注。1945年创建的全球秩序是为了维护西方的统治地位，但这种地位现在受到了致命打击。

但是，就像古罗马一样，喧闹自信的内围边缘地带实际上并不是西方的最大问题。回顾公元后的1000年，北方的崛起永远改变了欧洲的权力平衡，难以再建立以地中海为据点的帝国，但这是一个长期过程。正如我们所看到的，不列颠南部盎格鲁-撒克逊人的渗透，以及莱茵河以西法兰克人的扩张，只不过是罗马帝国崩溃的一小部分原因。更重要的是来自外围边缘地带匈人的压力，导致了罗马领土上新的联盟崛起。与之类似的是，尽管全球化削弱了布雷顿森林体系在第二次世界大战后制定的和平协定，但这几乎算不上地缘政治革命。全球化重塑了原有内围边缘的经济，但与此同时，西方帝国体系的外围边缘出现新的局势，对西方在全球的持续主导地位构成了更大的挑战。

中国道路

根据大部分有记载的历史，地球上每四个人就有一个生活在中国，因此在西方崛起以及中国自1840年衰落之前，中国一直都是世界上最大的经济体。清朝多次遭受西方列强侵略，后又陷入内部冲突。虽然19世纪末清朝想走现代化的道路，进行机构改革，启动现代化进程，却在强大既得利益阶层的腐败面前裹足不前。因此，中国当时只能眼睁睁看着国内经济陷入倒退，而且这种倒退不仅是相对于西方的崛起而言，也是绝对意义上的倒退，其大部分人口都陷入了贫困的泥潭。1949年新中国成立，曾经的中央王国已经不复存在。毛泽东致力于建立独立自主的经济体系。1976年，毛泽东去世时，中国人均收入大约为每年200美元，不到美国的

第七章 霸权与边缘地带

四十分之一。在这几十年中，中国基本上与战后西方帝国分开运作，与西方经济结构的接触较少，其国内生产总值中只有很小的一部分参与外部贸易。

毛泽东去世后，情况才开始慢慢发生变化（虽然一开始几乎难以察觉）。邓小平领导的改革者将江青反革命集团赶下台，恢复了对中央的领导。不过在官方层面上，中国仍然按照毛泽东的路线前进，这位领导人的肖像也仍然悬挂在天安门城楼上。但在非官方层面上，邓小平开始了一场"摸着石头过河"的改革。1978年从一些地区的农业改革开始，接着加快步伐，政府逐渐放开了对工业和贸易的限制。到20世纪90年代，中国的国际贸易在其经济产出中的份额，即商品进出口，在短短15年内增至原来的四倍。中国大陆经济发展之蓬勃，能与"亚洲四小龙"的卓越纪录相媲美。到2016年，中国人均实际收入增长至40年前的25倍，人均收入现在已经超过美国人均收入的四分之一（而且仍在增长）。中国在全球工业生产中的份额，从1976年的微不足道，增长到占近四分之一。根据衡量标准的不同，如今中国可以说是世界上最大的经济体，或者即将成为这样的经济体。

这是历史上非同寻常的巨大变革，其重要性再怎么强调也不为过，而且其整体影响仍尚未全部发挥出来。不过，全球经济权力分配这般革命性的变化必然会带来巨大的、与之相呼应的政治后果。苏联的经济实力一直无法与其军事雄心匹配，也无法为其盟友提供经济支持，因此难以扩大其全球影响。尽管弗拉基米尔·普京（Vladimir Putin）如今打算重现俄罗斯的伟大，但并没有改变这一局面。俄罗斯经济主要以石油和天然气销售为主，从长期来看，这是一个存在风险的行业，因为世界正在逐渐减少对化石燃料的依赖。2022年，俄乌冲突爆发后，西方对俄罗斯实施制裁，沉重打击了俄罗斯经济，凸显出俄罗斯经济基础的脆弱性和有限性。

中国则跳出截然不同的景象。到目前为止，中国与发展中国家大部分地区积聚的经济动能交织在一起，并主要表现在软实力领域。尽管全球金融体系仍由西方主导，但越来越依赖来自发展中国家的资金流动，香港、上海、新加坡和迪拜成为与伦敦、纽约和苏黎世等旧金融中心不相上下的银行枢纽。在西方普遍削减援助预算的时代，中国已经迈出步伐，填补了这一空白，通过深化对外开放，获得了众多外交支持。人们只需在亚的斯亚贝巴或卢萨卡四处走走，看看当地林立的新建高层办公楼和购物中心，还有中国修建的道路，就能看出中国在非洲大陆的影响有多大。

历史照进现实

1989年，柏林墙被推倒，弗朗西斯·福山（Francis Fukuyama）发表了一番著名言论，称人类抵达了"历史的终点"。他认为，西方的自由民主模式如今在全球占据绝对主导地位，以至于人类的思想进化已经走到了自然的结局，各个国家最终都会成为自由民主的资本主义国家。即使在当时，这番言论听起来也是很傲慢，如今看来更是妄想。过去几十年中，在大规模内部移民的推动下，大多数旧帝国内围边缘地带的经济发展，以惊人的速度崛起，外围边缘地带的中国进入世界舞台，这些事实清楚地表明，即使西方的全球统治没有被颠覆，也肯定正在面临挑战，而且是具有冲击力的挑战，这是有史以来的第一次。此外，人们找不到丝毫迹象证明这些边缘地带的发展不过是昙花一现。从全球富豪榜就能看出来，来自发展中国家的亿万富豪如今开始榜上有名，而且人数每年都在增加，许多边缘地带的经济体已经发生变化，从长久以来的落后者变成了活力四射者。

帝国为什么衰落
— 罗马、美国与西方的未来 —

因此,如今世界上增长最快的所有经济体都来自曾经的边缘地带。近年来,长期以来因发展缓慢而被嘲笑的印度,其年度经济增长率已经超过很多其他亚洲国家,而在2019年,世界上增长最快的15个国家中有6个是非洲国家。在西方人的刻板印象中,非洲仍然充斥着饥荒和疾病,但新的经济融合局面正在显现。

中国经济蓬勃发展,更多的发展中国家表现出明显的经济活力,与西方不断下降的经济增长率形成鲜明对比,也让西方国家对民主制度的失败以及威权体制所谓的优越性进行了深刻的反省。一些西方政府对新冠疫情的拙劣应对进一步印证了这种观点。世界上大部分新财富是在旧帝国核心之外的地方创造的,因此,尽管事实上西方仍占全球GDP的大多数份额,在某些西方人看来,西方价值观也失去了光彩。与其继续相信弗朗西斯·福山难以令人信服的凯旋主义,或者追随当前(不加批判)青睐威权主义的时尚,未来该何去何从,也许罗马历史更具有借鉴意义。

审视不同阶段罗马帝国与其周围世界的关系,一开始很容易认为现代西方帝国已经演化到了公元3世纪末和4世纪罗马帝国所对应的阶段。当时,波斯帝国再次崛起,成为超级大国的竞争对手,帝国的欧洲边缘地带

第七章 霸权与边缘地带

初露锋芒，对帝国提出了巨大的挑战，但仔细观察就会发现，当前实际上看起来更像是公元 5 世纪 20 年代更加动荡的局面，当时新的联盟已经在西边的领土上建立了永久定居点。如今的局面并不是因为越来越多的"野蛮"移民正在涌入现代西方，因为今天的移民通常对发达国家的经济和社会有益，而不是有害。比较古今两段历史的真正意义在于，为什么公元 5 世纪的定居点，即主要来自内围边缘地带流离失所的群体，让古罗马帝国感到如此棘手。农田是古罗马帝国生成财富的基本手段，"蛮族"定居点夺取了帝国相当一部分能够生成财富的资产，直接削弱了帝国体制，使中央政府不得不在收入大大减少的情况下履行对公民的义务。

回到现代来看，前殖民地的边缘地带没有理由去入侵帝国核心，因为将现代世界相当大一部分的财富生成资产（由工业生产设备而非农田产生）转移到边缘地带，能实现相同的整体效果。边缘国家如今组织的不是士兵和军队，而是劳动大军。对新老两大帝国而言，资产转移都始于国家对严重危机的政策反应。但是，对眼前危机的短期应对通常会产生意想不到的长期后果。

对古罗马帝国而言，公元 5 世纪头十年定居在西班牙和高卢的是因匈人崛起而流离失所的移民。这些移民

帝国为什么衰落
— 罗马、美国与西方的未来 —

定居点在罗马的边缘地带建立起强大的实体,但在那时,帝国中心仍然是整个西罗马最强大的势力。然而,公元5世纪30年代,当这些定居点扩展到北非时,经济和政治权力的天平便逐渐大幅度地偏离了中心。然后这一进程不断发展,直到公元468年,君士坦丁堡最后一次向西罗马帝国伸出援手,试图摧毁北非的汪达尔王国,但以失败告终。接下来,不断崛起的边缘王国(以西哥特人、汪达尔人和勃艮第人为首)迅速控制了剩余的生产性农田,并借此颠覆了帝国中心最后残余的一丝势力。现代西方是否注定会沿着类似的轨迹,失去对大部分生产性资产的控制,走向真正的衰亡?

现代西方的相对衰落以及中国崛起所构成的深层次挑战,已经促使西方政府采取两种广泛的应对措施,因为他们渴望恢复先前的地位,或至少是接近于恢复先前的状态。特朗普政府试图限制中国的经济发展,削弱其日益增长的软实力。美国制定相关战略,努力争取于己有利的贸易协议就是明证。此外,几个西方国家政府试图重新巩固军事实力,以遏制他们眼中所谓的"中国冒险主义";2019年,英国国防大臣宣布将派新航母进入中国南海。因为中国在其近邻地区的影响扩大,而美国一贯把太平洋地区视作其势力范围,紧张局势不可避免地升级了。最悲观的舆论甚至警告称即将出现"修昔底德陷阱"（Thucydides Trap）：即曾经占主导地位的国家将在某个时刻与崛起的竞争对手发生战争。

尽管对某些西方民众来说，这些强硬手段可能很有吸引力，但它们并没有取得多少实际成果。中国政府迅速驳斥了胆大妄为的英国国防大臣，并明确告诉伦敦方面，不要活在19世纪。那时的英国之所以能宣扬自由贸易的教义，是因为它有炮舰，可以迫使中国市场接受其工业产品和鸦片。到了今天，英国需要中国市场，而且英国政府急于与中国达成脱欧之后的贸易协议，只能迅速妥协，并为两国"牢固而具建设性的关系"举杯，同时声明自己的航空母舰至少几年内都会老老实实待在原地。

即使美国的影响力大于英国，但它能从中捞到什么好处也是个未知数。特朗普曾承诺，美国将"轻松"拿下与中国的贸易战，可事实证明，受伤更深的却是美国。特朗普声称，2018年采取的关税措施是为了迫使中国重回谈判桌，费用将由中国公司承担，但实际上美国人背负了账单——商品价格上涨，出口减少，此外，估计有30万个工作岗位在贸易战中蒸发了。此外，贸易战期间，美国的工业生产下降，而中国则出口到其他市场，填补了损失的美国销售额。考虑到过去几十年，美国经济已经与中国经济紧密交织在一起，美国对竞争对手造成的任何经济损害，都必然在国内产生相应的副作用。

在这个问题上，罗马历史能为我们提供借鉴：当其他地区的发展对全球权力的维护带来挑战时，与超级大国竞争者直接对抗并非维护本国霸权地位的好办法。罗马和波斯从来都不喜欢对方，它们为了边界和贸易资源而争吵，为了争夺支持者而反目，还竭力宣扬竞争的意识形态。双方都声称受到不同的全能神灵支持，导致世界观也无法兼容。但是，到了公元3世纪末，双方都发现无法征服对方，于是冲突通常局限于一系列小打小闹，不过这些只是为了获得短期吹嘘的资本，不会侵害对方体制的核心运作。公元4世纪末期和5世纪，当面临来自大草原骁勇游牧民族的威胁时，双方又从相互猜忌转向积极合作：互相夸奖对方是"天穹中的双子星"（正如一位罗马皇帝所言），坚决不再为那些曾经争论不休的问题而争吵。

公元500年左右，当游牧民族的威胁再次减弱，罗马和波斯很快又回到了以前的对抗模式。罗马皇帝查士丁尼（527—565年在位）统治时期偏爱军事冒险，并

第七章 霸权与边缘地带

表现出了特别的好战倾向。在某种程度上，冒险好战对他是有用的（尽管遭受了一些重大损失，但查士丁尼赢得了足够多的胜利，足以宣称上帝支持他的统治），但从长远来看，他的冒险行为导致对抗不断升级，两个帝国最终都放弃了以前的克制，寻求军事行动上的更大胜利。其结果是，公元7世纪初双方爆发全面战争，持续时间达25年之久（603—627年），并最终以两个帝国彻底破产而告终。由此产生的权力真空立刻被新兴的阿拉伯世界所占据，不可逆转地改变了地中海和近东历史的面貌。公元7世纪50年代初，波斯帝国彻底灭亡，而正如我们所见，君士坦丁堡失去了大片领土，从全球帝国沦为地区强国。

这种对比研究传达的信息很简单，但很有借鉴意义。中国的实力不可忽视，直接与其进行经济或政治对抗肯定会适得其反。现代武器意味着超级大国之间的冲突不仅可能摧毁主要参与者，还可能毁掉整个星球。即使是更为克制的持续对抗，也可能会破坏各国在面对一系列明显全球性问题时迫切所需的合作，例如污染、人口、疾病和全球变暖等问题。

虽然大多数西方国家从属于强大的军事联盟，中国却坚持自主的外交政策。不同利益国家之间的外交协调从来都不是易事,但它可能会比特朗普时代的美国或脱欧后的英国所青睐的我行我素更有成效。例如,英国退出欧盟,这意味着它本来可以使用先进的中国技术,实现其通信基础设施的现代化"战略"(此处找不到更好的词来形容),却不得不屈服于同样迫切的需求——取悦美国政府,与美国达成贸易协议。作为中小型国家,单打独斗通常意味着在面对真正的大国时,自己的实力会遭到削弱。

过去几十年里,旧帝国边缘地带已经积累了大量的经济和政治权力,下一步的明智之举应该是尝试吸纳更多的发展中国家,扩大现有的西方联盟体系,这些国家至少会在名义上分享西方的民主和自由结构,如印度、南非和巴西,从而建立一个更大的、地位对等的国家联盟。其中一些国家(尤其是印度)本来就有自己的理由。这样做会导致西方在全球的传统地位遭到一些削弱,但在不可避免的后帝国时代,至少能更好地保留西方价值观的精髓。

建立更广泛联盟的重要优势在于,能够在国际谈判中采取更有效的制衡措施来与中国竞争。然而,要想取得成功,这种战略需要西方国家采取更开放而不是更封闭的态度,可能还需要提供实质性的援助来支持这些外

第七章 霸权与边缘地带

交努力。中国之所以能够在发展中国家获得如此多有利的贸易协议和投资机会，一部分原因是它比许多西方国家更愿意与发展中国家互惠互利。与旧帝国的边缘地带建立有意义的合作关系更有发展前途，但此举将与当前西方的政治话语格格不入。当前的西方政治话语倾向于削减援助预算，集中援助国内或使国内受益的出口商。例如，英国政府2020年决定关闭其外援机构（这个机构曾被广泛认为是全球最有效的机构之一），并将其并入一个已经不堪重负的外交部门。尽管这一决定可能在保守党支持者中赢得了一些选票，但从全球角度来看，这相当于放弃了英国最有影响力的软实力工具之一。

这不仅仅是金钱的问题。许多第三世界国家的崛起，如果西方政治家希望以更具吸引力的方式重新定位外交关系，可能会面临另一个挑战。西方阵营希望结交的每一个对象，都有理由怀疑西方的动机，因为它们之前经历了几个世纪的剥削和统治。

中国之所以能与很多发展中国家建立友好关系，有一部分原因在于同样的历史背景。中国坚持不干涉原则的承诺得到了发展中国家的好评，这些国家曾经是西方殖民统治的替代品，它们对这段历史仍然记忆犹新。特别是西方国家上台的一些领导人，仍然会发表令人咋舌——甚至罔顾历史事实的惊人言论。正如一位未来可能担任英国首相的领导人在 2002 年所表示的——非洲"可能是个污点，但不是我们良心上的污点"，言下之意是非洲的主要问题在于失去了英国的统治。与此相反的是，大多数非洲人都很清楚，他们不得不在长期经济剥削和政治镇压的历史基础上建设自己的国家。从中不难看出，为什么西方联盟 2022 年试图孤立俄罗斯时难以获得非洲的积极支持。非洲国家可能会义正词严地抱怨说，西方推行试图孤立南非的种族隔离政策时，谁给了它们同等的支持？

如果西方国家想要遏制中国的崛起，西方的叙事方式必须改变，从暗地里（在必要时）以牺牲发展中国家为代价维护西方的荣光，转为帮助发展中国家，实现共同繁荣，促进彼此的社会和政府结构发展。实际上，这意味着扩大旧帝国核心的小圈子，在成立国际组织和开展谈判时，聆听更多的声音，提出明显更平等的条件，而不是像克林顿在 1999 年世贸组织西雅图大会提出的那种阴阳怪气的条件（实际上，当时大会一些提出抗议的领袖有可能成为拉拢的对象）。

在这个规模更大的集团当中，唯一能担任领导者和协调者的仍然是美国。为了始终如一地履行职责，美国

第七章 霸权与边缘地带

必须控制自己长期以来的孤立主义倾向，用合作换取更多好处。旧西方帝国的其他政府也必须为这个计划投入适当的资源，并且让美国选民更容易接受这样的方案。除了世贸组织西雅图大会以来的讨论之外，北约和欧盟最近的经历也说明，既想扩大组织的规模，同时又想保持凝聚力，需要大量的外交努力，因为讨论必然会包括更多的、经常争论不休的声音。此外还有另一种选择，即每个国家都按自己的意愿行事，虽然这样更容易做出决策，但也意味着这些决策将毫无价值。

这个国际组织在扩充新成员时，应该以更平等的条件、更开诚布公的方式讨论新成员的需求，从而创造出一种机制，使现代西方文明一些更好的成果嵌入新的全球秩序中。

正如前文所述，罗马文明的延续只有通过谈判才成为可能。在欧洲大陆，精英和新统治者之间的谈判意味着西罗马帝国解体后的新秩序融入了一些典型的罗马特征，如拉丁文、基督教和成文法。重要的是不要理想化这些文化形式的意义。它们对罗马精英阶层至关重要，之所以得以保存，是因为它们后来同样吸引了迅速兴起的非罗马精英阶层。然而，形成鲜明对比的是英吉利海峡以北，当地的罗马地主精英并没有找到通往新秩序的

134

帝国为什么衰落
— 罗马、美国与西方的未来 —

途径,罗马生活的所有特征都消失了。最终,从公元6世纪末开始,其中一些特征(基督教、成文法和拉丁文)才重新引入盎格鲁-撒克逊治下的英格兰,当时邻近欧洲大都市的经济网络不断发展,英格兰的国王被深深吸引,发现文化同化是达成有利协议的最佳途径。然而,如果这些古老的罗马价值观在西罗马帝国解体后的其他地区没有巩固下来,也就谈不上在英格兰的延续。

今天的西方国家要想谈判成功,对中国本身采取微妙的立场也至关重要。它们需要区分,哪些政策会威胁西方的传统,哪些政策体现的是中国的合法愿望,即恢复其作为世界强国之一的伟大地位,推翻傲慢的西方帝国主义的残余势力。虽然定期冲突会成为二者关系的特征,但回到一贯敌对的冷战式言论将会造成自我毁灭。任何政策组合想要取得成功,就需要将经济、政治和文化合作当成一贯的特点。例如,西方社会的国防部部长可能首先要问自己,假如中国宣布不久后派一艘航母前往英吉利海峡或加勒比海,他们会有何感受。

从目前的状况来看,中国的军事实力不断增长,不过是其经济实力不断提升的反映,这个国家周围有一些邻国的挑衅态度有时不容易定性。随着中国重返历史舞台,美国自身的军事地位将不可避免地出现相应的减

第七章 霸权与边缘地带

弱。中国的庞大规模，以及它对世界不断增长的影响，表明虽然存在不可否认的制度和意识形态差异，西方在制定战略，过渡到新的全球政治架构时，都不得不将中国纳入其中。尽管这对傲慢的西方国家来说可能很不情愿，因为不久前它们还在对中国指手画脚，但历史表明，如果双方硬碰硬，后果将会不堪设想。尽管竞争不可避免，但由美国主导的联盟在扩大规模之后，如果处理中国问题时能本着合作的态度，将会收获良好的效果。以合作为导向的处理方式，其收益远不止经济层面。如果不采取广泛的全球合作模式，气候变化和人口革命将难以有效应对，其后果将超乎人们的想象。同样，在合作而非对抗的全球背景下，更容易防止像利比亚、阿富汗和叙利亚那样脆弱的政府崩溃，以及任何可能进一步发生的悲剧。欧洲已经用行动证明，自己已经从 2015 年难民危机随意又混乱、各国自行其是的经历中吸取了教训，在面对 2022 年乌克兰难民浪潮时，采取的是协调且富有成效的应对措施。

因此，进入 21 世纪第三个十年之后，西方国家在考量周围出现的全球新秩序时，会发现摆在自己面前的是多重挑战。正如 1000 多年前的罗马帝国，既要面对波斯帝国的对抗，又要防范边境联盟的进犯一样，如今

136

的大国竞争不可避免。此外，在旧帝国腹地不可逆转的发展过程中，具有足够的经济和政治影响力，且掷地有声的新声音涌现出来，要求西方的认真聆听。眼下可能不太受欢迎，但更现实的选择是，接受边缘地带不可阻挡的崛起，并努力与之合作。因为对抗有可能带来毁灭性的惨重代价。

因此，对于本书开头的问题，答案是简单明了的。西方不能再走原来的老路，一味渴求"再次伟大"。原因在于，支撑原来政治结构的经济体系，其板块和构造已经发生决定性变化，不会再移回原来的位置。西方政治家需要将这个真相告诉自己的国民，并着手构建新的、不那么自我膨胀的世界秩序，实际上，这种做法将更有效地捍卫他们自己（以及其他所有人的）利益。

如果西方未能这样做，而是优先选择对抗模式，在短期内支撑西方世界的全球地位，那么长期后果很可能是灾难性的。这是因为，尽管全球化地缘战略的后果非常有挑战性，但在未来的几十年里，对西方的真正威胁很可能源自国内。

第八章

"国家之死"

2016年6月,英国选民中有72.2%参与投票,并以微弱多数(51.9%对48.1%)决定脱离欧洲联盟。这次投票最直接的结果是,保守党政治家和"投票脱欧"组织(Vote Leave)联合提出的脱欧运动取得胜利,但也揭示了英国选民之间的深刻分歧。脱欧进程中有个"中间派",对任何一方的立场都不太感兴趣,因此夹在亲脱欧和反脱欧的支持者之间——这两派的对立十分鲜明。接下来的五年内,各方的博弈进一步加剧了这一分歧。从中可以看出,英国在当前政治话语中的分歧明显缺乏共识,但面临这种困扰的并非只有英国。美国也有类似的情况，在2016年特朗普的选举集会上，每当提到对手希拉里·克林顿的名字，都会有人高喊"把她关起来"，说明支持特朗普的选民对其明确具有分裂性的政治宣传做出了激烈的反应。此外，2018年和2019年冬春之交，法国各大城市也经历了数月激烈的街头抗议活动——"黄背心"运动，其最初目的是反对燃料税，但迅速演变成对遥不可及和脱离实际的统治精英的广泛抗议。

公元5世纪，类似的内部分歧成为西罗马帝国其余领土政治话语权的特征。面对帝国中心权力衰落、不断增加的税收要求和"野蛮"联盟日益增长的政治影响时，如何最好地保持社会和经济优势，帝国精英持不同意见。有些人愿意接受全新且独立的野蛮王国的政治秩序，而另一些人，比如圣希多尼乌斯，不惜一切代价都要保住罗马身份。这种分歧在罗马帝国末期的崩溃阶段起到了推波助澜的重要作用。在现代西方，从各种形式的抗议和分歧中可以看到许多不同的怨愤情绪。但与困扰公元5世纪罗马帝国的政治分歧一样，它们有一个根本性的共同因素，其整体后果可能对现代西方世界构成性命攸关的威胁。

第八章 "国家之死"

"英雄国家"

建立在政治同意基础上的国家都依赖某种财政契约，这是纳税人愿意资助自己赖以生存的体制的根本原因。罗马帝国像大多数前现代国家一样，运作方式非常简单。其国家结构基本上只涵盖了国防和法律，并提供有限的赞助，且后者主要面向数量有限、拥有土地的政治选民。大约四分之三的税收用于供养专业军队，保护拥有土地的政治选民免受外部和内部威胁。作为回报，土地拥有者必须支付一定比例的农业剩余，并负责必要行政机构的运作。帝国的另一个关键中央结构是法律体系，用来定义和保护私有财产，并规定一系列措施，允许这些私有财产在一定的时间内被利用和传承（通过继承、婚姻安排和销售的方式），从而为土地所有者提供服务。因此，绝大多数人口都没有参与国家的任何政治进程，无法决定征税率或税收用在什么地方。国家除了提供面包和露天圆形竞技场，维护少数几个主要城市的和平之外，为民众提供的直接支持很少。广大农业人口基本上没有太多选择去行使权利，难以对自己所依附的政治实体造成持续的影响。

帝国为什么衰落
— 罗马、美国与西方的未来 —

然而，罗马历史上并没有见到大规模的反叛，心怀不满的农民最多干点抢劫或小偷小摸的勾当，以此发泄不满。这并不是说帝国的历史进程一直很顺利：实际上情况正好相反。在罗马帝国的整个历史中，军事挫折可能会引发内战，特别是当危险降临，如果国家对拥有土地的社区坐视不管或无法提供保护时，内战更是家常便饭，但这些都是为了控制国家体系，让特定利益集团受益而进行的斗争，其目的并不是完全摆脱国家体系。个别土地拥有者总是希望课税更少，并在当地高声呼吁减税，不过他们普遍对国家的安排感到满意。直到公元5世纪外部入侵，吞并帝国领土，且帝国捍卫其土地拥有者的能力遭到削弱时，情况才发生了变化。此时，无论各行省的地主所有者是否愿意，都被迫与外部入侵者达成新的协议，以便保留对不动产的一些控制权。一旦帝国无法履行承诺，帝国与土地所有者的协议便迅速破裂，帝国体制也在不到一代人的时间内分崩离析。当野蛮人踏入自己权益所在的区域，只要有条件谈判，行省的土地所有者很快就跟那些最有可能掌权的霸主达成了新的协议。

相比之下，现代西方国家依靠更广泛的政治基础，涵盖了更大比例的人口，并采用更加复杂的财政契约

第八章 "国家之死"

（fiscal contract）。从19世纪下半叶开始，西方国家的政府结构逐渐演变，（以不同的组合形式）为所有公民提供各种各样的服务，包括医疗保健、教育、收入支持和安全保障。这些服务之所以能够实现，部分原因是工业化为政府提供了无与伦比、规模更大的财政盈余，此外，政府也发展出了更强大的官僚机构来管理这些服务。这个惊人的变革还意味着，为了理解政府应该做哪些工作，人们的意识形态需要进行重大的转变。公共服务的大规模增长，在一定程度上是因为现代国家对其公民提出了更高的要求，这些发展的脉络是清晰的。最先出现的是大规模兵役和全球冲突，例如18世纪后期和拿破仑战争时代，英国和法国为争夺世界霸权而进行的战争，引发了对相应的政治结构的需求，即照顾那些必须做出相应牺牲的公民。

然而，即将到来的"福利国家"也是现代工业改变社会阶级权力平衡的产物。工人阶级的城市化和组织化程度越来越高，他们在复杂的大型工作场所工作，获得了罗马帝国农民无法获得的持续政治影响力。中世纪的农民可能会对当前的社会政治秩序构成短暂的威胁，正如英国国王理查二世在1381年所面临的那样。当年大批乡村劳工从靠近伦敦的郡县集结，向伦敦前进，发动了一场大规模起义,导致该市市长和坎特伯雷大主教丧命。为了结束抗议活动,国王别无选择,只能为他们颁布一部自由宪章。随后抗议者不得不回到家中,因为他们的食物已经吃完。这些农民分散开来之后,国王不仅撕毁了宪章,而且派遣了一小支武装队伍前往伦敦周围各郡,将组织抗议的头目各个击破。

然而,现代工人不同于农民,他们大批涌入城市并永久定居。面对社会运动不断增长的需求(这些社会运动代表着新的人群,并威胁要发起阶级战争),政府为了减轻紧张局势,逐步动用工业化利润,建立起更具共识性的现代西方社会:扩大选举权,改善条件,缩短工作周数,提高工资,改善公共卫生等。完成德意志统一的俾斯麦并非心慈手软的自由主义者,但他能抓住眼前的机会,比如他本人十分厌恶社会民主党,但他能认识到,要想赢得该党派的选票,制定世界上第一个公共养老金和失业保险计划将是最妥善的办法。于是,政府和人民之间逐渐形成一种新型关系,并通过公民身份原则体现出来——富人和穷人共享平等的法律地位(尽管有时缺乏资源来支持这一点),这一原则在第二次世界大战后的几十年内达到了顶峰。在人们广泛接受政府应该创造"英雄国家"这一理念的基础上,公民"从摇篮到

第八章 "国家之死"

坟墓"的整个过程都得到国家的照顾。他们认为，国家为了实现该理念，征收更高水平的税收是合理的，西方国家因此迎来了很长一段时间的政治和谐。1945年，英国工党和保守党在选举中围绕创立福利国家的基础开展了辩论，这些理念以不同的组合形式、不同程度地传播到整个西方世界。西方社会的政治争端主要集中于讨论由哪些人纳税，纳多少税，如何纳税，税收应该用在哪些地方，而不是对整个体系抱有根本的敌意。

这个以和谐与社会改革著称的黄金时代，虽然为了掩盖现实中依然存在的分歧而经常被夸大（比如美国尤其突出的种族问题），但人们通常认为是明智的政治领导和进步所创造的，特别是凯恩斯主义的经济政策，贡献尤其大。这两者无疑都发挥了作用，但西方世界在全球经济体系中的持续崛起也功不可没。19世纪，来自欧洲帝国的财富净流入意味着政府开始提高工人阶级的生活水平，而不必大幅向富人征税。曼彻斯特的工厂能够将商品销往印度，同时获得来自印度的廉价棉花，因此工人的工资得以提高，且资本家的利润没有减少。实际上，社会和谐是通过将剥削外包到殖民地而实现的。在帝国"行省"，包括现在独立的美国，通过开发新土地进行殖民和剥削产生了类似的效果。美国南北战争之后，纽约和巴尔的摩因失业和贫困而爆发了骚乱，并随着铁路的发展而蔓延，但这种骚乱可以通过鼓励年轻人前往西部开始新生活来化解。类似的情况还发生在澳大利亚和加拿大。甚至那些没有帝国的西方国家也可以从帝国的崛起中受益，只要它们能够向新兴的帝国体系出口商品。

第二次世界大战后，随着西方帝国进入后殖民和联邦发展阶段，且繁荣达到顶峰，世界上出现了有史以来最雄心勃勃的政府福利体系，比如英国的国民医疗服务体系。西方国家内部的政治和意识形态发展在其中发挥了关键作用，但我们需要理解的是，这种非凡的制度建立在不发达地区流向西方的财富之上，这些财富为西方国家提供了所需的大部分财政收入。凡此种种，都有助于解释为什么战后时期的西方社会和政治相对和谐，而现在面临着如此巨大的压力。

赢家与输家

20世纪80—90年代的新自由主义全球化揭示了战后共识的潜在脆弱性。与其说新自由主义在第二次世界

第八章 "国家之死"

大战后的几十年恢复了西方的经济活力，不如说让西方社会内的某些群体以惊人的比例，恢复了日益增长的繁荣。在此之前，几乎西方社会的每个人都在某种程度上从边缘地带流入西方的财富中受益，但在全球化带来的新经济秩序之下，财富主要流向西方社会内的特定人群，同时损害了许多其他人的生计。其总体效果是，在全球经济组织的更新迭代中，主要的赢家和输家都生活在同一边境内，而不是像以前那样，大多数输家都生活在海外地区，起码国内的政治安全可以得到保障。实际上，19世纪和20世纪早期曾外包给边缘地带的剥削和剥夺现在又回到了西方。

最明显的经济受益者是将生产转移到海外公司的所有权人和股东。但鉴于在新的全球经济体系中，思想和创造力的溢价日益增加，赢家群体还包括那些有幸具备各种技能和受到相应教育的人——用经济学术语来说，即"知识资本"——他们能填补西方保留的大多数高技能工作岗位。全球化公司刚恢复的盈利能力推高股价，增加了在这些公司的办公室工作，或监督其高端流程（如设计、工程和营销）的城市专业人士的收入。此外，由于生产转移到边缘地带，成本降低，通货膨胀（20世纪70年代的噩梦）也随之下降。这些变化反过来促进利率下降，让人们买得起房，从而推高了房地产价格。这为中产阶级的上层——大体是指西方社会前10%的人口，或21世纪初年收入大约在7万美元以上的人口[22]，带来了繁荣时期，而且不仅仅体现在平均收入的提高。这一群体通常拥有住房，而且随着国家制订计划，股票和房地产等资产增值，他们还能获得丰厚的养老金权益，整体生活水平因此大大提高。然而，这些收益建立在低技能和无技能劳工付出的代价之上，他们以前可以直接参与财富的创造，但现在这一过程被转移到了海外，他们只能越来越多地为了服务行业的工作岗位而争抢，而这种经济环境正在压低他们的实际收入。这种趋势在整个西方都有体现，但在美国尤为明显，这要归因于其不太发达的福利制度。在罗纳德·里根当选总统后的40年里，社会底层的实际收入基本保持不变，而上层阶级则实现了增长，其中前10%的人群表现最好，收入增长了三分之一。[23]

尽管从各项数据来看，这些趋势日益明显，但20世纪末的公共话语一副自我安慰的样子，认为"新范式"将在通胀率较低的情况下维持无限增长，这样所有人都能从这波经济浪潮中受益，虽然左翼政府有时会对其乐观情绪提出保留意见。英国的布莱尔政府十分

第八章　"国家之死"

焦虑，试图解决所谓的"沉沦社区"（sink estate）问题，即20世纪80—90年代那些未能共享复兴且逐渐疏远的人群，并在各层次的教育领域投入小部分资金（其中很大一部分是借款），用于培养更多的人口，使他们能够在经济迅速全球化的背景下参与到顶级领域的工作中来。

西方国家一些具体的政策选择掩盖了上述趋势背后的广泛含义。20世纪80—90年代，虽然大部分西方国家的实际平均工资几乎没有变化，然而以美国为例，实际小时工资目前大致与20世纪70年代中期持平，但通货膨胀下降使价格保持较低水平，在一定程度上掩盖了购买力的损失，这也是中国的廉价商品开始涌入西方市场的时刻。在这种背景下，许多西方政府实施了一些政策，为不太富裕的人们提供了更容易获得信贷的途径。比如美国联邦政府通过对抵押贷款融资主要机构的杠杆作用，降低了抵押贷款的门槛。[24]这些措施鼓励了一波购房热潮，并演变为自我实现的预言。随着更多的人购房，房价上涨，刚刚买房的人相信自己也能赶上全球浪潮，反过来又鼓励了更多的人购房。

20世纪90年代末，市场被推向高空，这是美国政府在1998年金融危机期间所采取措施的连锁反应，当时美国以援助为条件，对许多边缘地带的国家政府，特别是位于亚洲东南部地区的国家，如泰国和印度尼西亚，强行实施了严格的紧缩政策。许多经济学家指责说，经济危机的根源在于西方政府早些时候催促发展中国家顺应新自由主义趋势，开放资本市场，此举导致资本涌入边缘地带，财产价值先是涨到顶点，最终又狠狠跌落到地面。因此，经济学家呼吁的不是财政紧缩，而是更慷慨的财政支出，以避免经济崩溃。然而，克林顿政府对这些观点置之不理，要求接受援助的政府削减开支，并向西方的商品开放市场。由此产生的财政紧缩政策将发展中国家推向毁灭性衰退，但对西方经济产生了巨大的好处。边缘地带国家的富有投资者因国内政治不稳定感到恐慌，将资金存放在西方银行账户中，然后这些资金自然而然地进入流通。因此，千禧年接近尾声的时候，西方的投资者和消费者正在一股脑儿地吸收低息贷款，用来购买股票、房屋，还有为冬季度假买单。与此同时，政治家和政策制定者仍然坚持一切顺利。与这种更广泛的经济背景相比，平均工资停滞不前就无关紧要了，因为每个人的投资价值，无论是房地产、股票还是债券，都比他们的债务增长得更快，这样每个人每天都变得更富有。每个人显然都在乘着新自由主义的便宜

第八章 "国家之死"

信贷之东风，走向更大的繁荣。

只要愿意思考，就会发现风险一直都很明显。整个体系实际上是一个巨大的庞氏骗局①。如果有任何风吹草动，推高房价和股市的新资金流动开始枯竭，或者更糟糕地，开始下降，西方人的手头将欠下一大笔债务，却没有足够的收入来偿还。正如沃伦·巴菲特（Warren Buffett）所说，我们只有在潮水退去时才能知道谁在裸泳。

这种情况没有持续太久。在千禧年之交，一旦1998年亚洲金融危机最糟糕的时期过去，发展中国家的富裕投资者便开始将他们的资金从西方账户提取出来，带回国内。巧合但具有象征意义的是，这种全球资本流向的逆转正好发生在1999年，当年世贸组织在西雅图召开大会，发展中国家在会议上反击西方霸权。新自由主义模式开始陷入危机，美联储试图通过降息来缓解危机，然而这进一步导致西方的房地产泡沫膨胀。当这个泡沫最终在2007—2008年破裂，房价瞬间暴跌，世界陷入经济大萧条。

西方政府竭力弥补破裂的堤坝，但它们选择的解决

---

① 庞氏骗局是指骗人向虚设的企业投资，以后来投资者的钱作为快速盈利付给最初投资者，以诱使更多人上当。——译者注

方案再次提高了全球化产生的债务水平，并在很大程度上激化了其创造的新社会分歧。以美联储为首的中央银行，一次又一次地加印了数万亿的美元、欧元和英镑，然后几乎以零利率借给它们的银行，希望这些银行再把钱借给企业和普通人。根据这一逻辑，企业将拥有投资和扩张的资金，可以雇用工人，重启经济，而普通人将借助廉价的抵押贷款和信用卡恢复购买和消费。不幸的是，尽管这一系列政策确实避免了一触即发的大萧条，但最终暴露了信贷繁荣年代大多被隐藏的社会和政治分歧。股市重新活跃，纽约道琼斯指数在2007年崩盘后上涨了大约18%，但对生产性活动的新投资相对温和。许多企业用这些钱给高管加薪，回购自己的股份，而不是雇用新的工人，此举进一步推高了它们的股价和高管的年金。在金融危机之后的十年里，美国对新生产性资产的投资，从机器到软件等各行各业，只增长了大约一半；而股票回购则增至原来的四倍。雇主确实恢复了招聘，但全球化的现有模式仍在继续。新的工作往往来自服务行业，薪水相对较低。总的来说，富人变得更富有，其他人则勉强维持生计。

在当代政治话语中，现存分歧开始表现在几个方面。在英国的脱欧公投结果中，"老年人与年轻人"的对立

第八章 "国家之死"

清晰可见。在其他辩论中，专业人士与工人、大城市与乡村互相对立，还有"大都市""沿海地区""精英"，也被指责背弃了内陆的普通民众。本地人与移民之间也存在着广泛争论，据称移民抢走了本地人的工作，压低了工资。其中一些分歧并不新鲜，因为反移民论调一直存在（即使在古罗马世界也不罕见）。然而，新政治效忠模式的出现，明确表明当前分歧反映了一种更深层次的结构性变化。特别是对政治右翼而言，新一代民粹主义政治家将不满情绪引到所谓的反建制政治中，吸引了被主流政治家忽视甚至嘲笑的"被抛弃者"和"可鄙之人"。这些做法颠倒了传统的左右分野，使工人离开社会主义和自由派政党，加入新的右翼运动，这对英国脱欧公投和美国唐纳德·特朗普政府的崛起起到了重要作用。极右翼在奥地利也登上了权力舞台，并深刻干扰了德国、法国、意大利和西班牙的政治局势。

148

所有这些分裂标签的背后，是世界经济重塑之后，从新型全球化模式中受益和未受益的人群之间的根本区别。年轻人背负着助学债务，不得不应对高涨的住房成本，代际差距不断扩大，他们羡慕许多西方社会年长成员通过房地产所有权和养老金积累的财富。在过去的40年里，这两种资产已经大幅增值。以英国为例，20世纪 60 年代初购买房屋的人在此后的时间里平均获得了百倍的回报。即使在伦敦的连栋房屋中有一间小房子,也足以让人过上相对奢华的生活。类似的变化也影响了养老金基金。如今西方世界的总财富有 20%—30% 由养老金基金持有,它们能够利用廉价资金,越来越多地将投资转向全球边缘地带,以此提高会员的回报。这一双重变化代表了潜在的巨大转变。19 世纪和 20 世纪,西方社会的财富增长伴随着人们收入的增长。而人们的收入增长之后,会把更多的钱存入银行或用于投资。但在过去的一代人中,这两者已经分离,财富的增长速度超过了收入(虽然储蓄率变化不大,甚至有所下降),即使政府从政治角度看,通常也都会发现对收入征税比对财富征税更容易。

同样,专业阶层和工薪阶层之间的分歧体现的是,那些具备进入职场所需技能,有幸能获取或保留西方高薪诱人职位的人,与那些通过工作谋生的人之间的基本分歧。实际上,"知识资本"型教育——通常要想赢得这些诱人的职位,子女就需要接受相应的教育,而教育往往取决于父母是否有足够的财力。考虑到较富裕的家庭还可能拥有不动产和养老金资产,因此西方社会正在逐渐出现财富不平等造成的分裂,即那些收入主要或实

第八章 "国家之死"

质上来自不同类型财富所有权的富人，与那些通过工作谋生的人群之间的分裂。当然，这实际上意味着西方社会在很大程度上正在快速失去 20 世纪的社会晋升和社会流动机会，而这是当时社会的主要特点所在。

回看古罗马帝国时代，当帝国中心无法继续维护地主精英的特权时，各行省的地主往往就会与距离最近的蛮族国王谈判，寻求对土地资产的庇护。当代受益于全球化成果的精英也是如此，他们将其资产投资组合的相当一部分转移到了边缘地带的外包中心。他们在西方虚高的房地产市场可能仍拥有高价房产，但他们的许多资产，无论是由他们自己直接控制，还是由养老金基金间接控制，现在都投资到了边缘地带。总之，过去 40 年的经济重组已经造成影响，在大多数西方社会中形成了两个拥有深刻不同经济利益的政治选民群体。这一发展不仅在许多西方社会产生了严重分歧，而且对国家体制也构成了长期挑战（19 世纪和 20 世纪，这种国家体制演变为现代西方生活的特征）。

罗马帝国的劳动结构同样因西部领土上兴起的野蛮联盟而受到损害。随着帝国中心对越来越多的行省失去控制权，而这些行省本来构成了帝国的税收基础，其维持有效军队的能力因此受到损害。帝国对此采取的措施是提高税率，却增加了精英阶层转而效忠野蛮联盟的吸引力，而且由此产生的新收入远远不足以弥补其总体税收损失。最终，甚至像圣希多尼乌斯那样，一直希望留在罗马政治势力圈层的人也别无选择，只能修补与西哥特国王尤列克的关系，而这种行动标志着西罗马帝国的真正终结。

与西罗马帝国最终无法履行财政契约类似的是，今天的全球化也让国家陷入了类似的收入危机。资本的离岸转移实际上意味着，边缘地带的政府能够捕获全球收入日益增加的份额，而西方政府不得不控制支出，保持低征税，以此来争取投资。此外，金融市场的自由化有助于外包，使全球社会的顶层阶级更容易将资金转移到离岸避税天堂，全球财富的大约十分之一——超过7万亿美元，现在不受任何政府的管辖。[25]

因此，到20世纪后期，随着全球化在西方社会中显现出明显的分裂效应，可供其领导人用于维持西方生活水平的税收流入受到了限制。罗马帝国晚期对剩余部分的税基提高税率，应对其他税基遭受的侵蚀。然而，现代西方的领导人却能采取不同的解决方案——这也是现代世界的奇迹之一：债务。但这样做也许不过是投机取巧，把问题推到未来罢了。

第八章 "国家之死"

债务与疾病

债务是一种今天花钱将来偿还的概念，与人类贸易的产生一样古老。但在现代，随着中央银行的出现（荷兰、瑞典和英国的中央银行于17世纪成立），国家政策发生了革命性的变化：通过30年的按揭贷款和100年的政府债券，不仅可以将付款的时间表调整到不远的将来，甚至可以调整到未来的数十年。事实上，国家债务的扩大与国家发展的历史密不可分。在20世纪迅速变化的社会和技术环境中（这些变化正在改变劳动力的生产力），从未来可以产生收益的生产性投资借钱，使经济加速增长成为可能。

然而，要区分用于生产性投资的借债与用于即时开销的借债，有时并不容易。政府经常会进行投资以保护就业岗位，或提供一些其他的即时效益，正如20世纪70年代的国有化，托尼·布莱尔扩大福利支出（没有实现未来收益）以及鲍里斯·约翰逊的计划一样，后者的计划被其继任者欣然接受，用于"提升"英国北部和中部受忽视地区的经济水平；但这些计划有可能无法或根本无法产生足够的收益来偿还债务。即使现代西方国家那些看似老式的基础设施项目，也并非总是如表面所见。2020年，约翰逊宣布了他所谓的"罗斯福式"投资计划。从比例上来看，该投资计划实际上只占新政（New Deal）规模的约三十分之一，《金融时报》因此评论说，罗斯福修建的是胡佛大坝，而约翰逊只是修补了英格兰中部的一座桥梁。[26]这种比较非常发人深思。建造一座新桥可以开辟新的贸易渠道，降低成本和旅行时间，从而产生新的经济活动。而修补一座旧桥只能保持现有渠道的畅通，并维持当前的活动水平（当然，在修补桥梁的几年里，旅行时间甚至还会更长）。与之类似的是，美国2017年尝试进行大规模减税时，特朗普总统表示此举将为经济注入火箭般的燃料，但实际情况并非如此。在随后的一年中，美国经济仅增长了0.7%，之后又回落到基础速度（增幅每年接近2%，且呈下降趋势）。企业投资几乎没有变化，政府承诺的就业激增也没有出现，而是继续按照现有的轨迹发展。最终，公司节省的大部分税款都用在了股息和股票回购上。这样做提振了股价，让极少数最富有的美国人变得更富有，但对更广泛的经济圈层帮助不大。

实际上，我们生活的这个世界，大规模基础设施投资以及其他类型的政府直接刺激所能获得的其他经济回

第八章 "国家之死"

报逐渐从西方转向其他地区。一些经济学家坚持认为,这种情况会有所改变,就像早期的蒸汽动力或电力传播革命一样,世界还会出现一场生产力革命,恢复旧时的增长速度,而信息技术往往被认为是这场未来革命的候选对象。但人们已经等待了很长时间,罗伯特·索洛(Robert Solow)1987年曾经发表著名言论,称除了生产力统计数据之外,人们在任何地方都能看到计算机时代的影子,时至今日,似乎仍是这样的情形。

相反,大多数西方国家的生产力增长(劳动者每小时工作生产的货币价值)已经在很长一段时间内呈下降趋势。在20世纪中叶的历史性繁荣时期,每小时产出增长了近3%;自20世纪70年代以来,每小时产出的增长逐渐回落到正常水平(大部分时间几乎为零),目前大约为每年1%。劳动者生产力大幅增加的地方,其增长往往高度集中。最具活力和效率的经济部门,也就是西方国家继续享有优势的部门,对劳动力的需求呈现出两极分化趋势。在高科技产业中,只有相对较小比例的员工富有效率,比如脸书(Facebook)的6万名员工在2020年创造了近900亿美元的收入,平均每年大约150万美元。其背后有一支更大规模、不太专业的清洁工、保姆和咖啡师为这些员工队伍提供支持。换言之,

帝国为什么衰落
— 罗马、美国与西方的未来 —

在今天的西方社会，有效的生产率提高关乎的是少数人而不是多数人，对西方劳动大众的生产力改革影响可能较小。因此，尽管债务曾经是一种今天花钱提高明天收入的方式，而对于大多数西方人来说，它现在已经成了一种今天购买物品但将来付款的方式。

因为原来那种"投资以扩张"的关系已经破裂，西方政府和社会已经养成使用债务的习惯，这些债务不是用于未来繁荣的建设，而是更多地用于提高或维持当前的生活水平。随着生产力增速放缓，人们的整体收入增长下滑，家庭和企业便通过承担更多债务来维持他们已经习惯的生活方式。在很长一段时间里，政府一再保证这样做是安全的，并宣称另一场生产力革命会到来，人们的债务将得以偿还，同时政府还采取了一些措施，如降低利率和减少信贷障碍，使借款变得更加容易。

一切变化都是新的。虽然债务在西方社会已经无处不在，但人们很容易忘记，现代生活中必不可少的工具，也就是信用卡，直到20世纪中期才出现。在那之前，债务通常限于投资，以企业建设工厂或家庭购买住房的形式出现，而战时激增的政府债务会在战后回落。例如，在第二次世界大战后的几十年中，美国的私人和公共债务与国内生产总值的总比率通常维持在100%左

第八章　"国家之死"

右，其他西方社会也有类似的趋势。然而，债务的真正激增发生在全球化时代，政府和个人全都利用债务来掩盖收入不足和日益加剧的不平等，甚至仅仅用来维持财富继续增加的期望。

最终的结果是，到21世纪第二个10年末，西方积累了巨额债务。2019年，特朗普的减税政策使美国国债占国内生产总值的比例超过100%。一旦将普通公民积累的债务加入其中，该国基础债务与国内生产总值的比率将超过300%，是战后繁荣时期水平的三倍。英国的情况类似，意大利更糟，而财政不慎的"荣誉奖"则花落日本，其总债务与国内生产总值的比率几乎达到了五比一。这一趋势在整个西方世界传播开来，即使像丹麦和荷兰这样自认为很节俭的国家，其总债务与国内生产总值的比率也远远超过300%，而即使是最吝啬的国家德国，其比率也大大超过200%。

然而，生产力革命并没有拯救西方，将这些债务比率降低。2020年初，新冠疫情暴发。总体而言，西方政府一开始的反应比较低调。但到了3月初，当世界卫生组织将疫情宣布为大流行病时，恐慌爆发。各国政府开始实施国内封锁，关闭边境，禁止国际旅行。大多数西方政府迅速拼凑出经济拯救计划，速度之快创下历史纪录。中央银行再次打开水闸，大量印刷新钞票，然后购买政府和企业债券，为政府提供资金，为关门大吉的企业续命。眼前的经济衰退暂时得到遏制，但西方社会内部的分歧再次加剧。中央银行将利率降到了极低水平，一些国家甚至降至负数，也就是说，任何向政府借钱的人现在都必须为此付费。这些举措不仅鼓励企业大举借债，增加他们的现金储备，还鼓励那些因债券市场回报极低而被挤出来的投资者寻找其他投资领域，转向股市、房地产以及加密货币等新领域。尽管2020年初股市大幅下跌，不过夏季股市反弹，抹去了亏损。然而，虽然政府制订了拯救计划，但整个社会的实际工资停滞不前，小企业纷纷倒闭。

这些新的借款几乎没有花在承诺带来新经济增长希望的投资上。在大西洋两岸，尤其是在美国，大量资金投入股市，以至于在事实上破产的"僵尸"公司也看到自己的股价飙升。短短几个月内，西方各国政府的债务负担飙升了25%。总之，2020年底之前，西方政府为了应对大流行病，增加了大约17万亿美元的债务（西方国家的公共债务负担通常增长10%—20%）。西方国家对新冠疫情的回应将早已潜伏在全球化表面下的关键问题推向争议的前沿，加剧了问题的紧迫性。谁来偿还

第八章 "国家之死"

西方积累的惊人债务？如何偿还？今后西方社会又将何去何从？

其中涉及的利害关系怎么高估都不为过。当西罗马帝国中心发现自身没有足够的资金，无法履行其财政契约，并捍卫其纳税精英的利益时，帝国土崩瓦解，不复存在。与古罗马相比，现代西方眼下的国家财政危机有着不同的根源，但稍微思考一下就能发现，巨额债务已经对西方社会的国家特征带来挑战。更重要的是，这种挑战可能与导致公元 5 世纪西罗马帝国衰落的威胁一样关键。

帝国中心自身难保？

这并非西方政府第一次陷入重债危机。第二次世界大战后，它们累积的债务也曾达到创纪录的水平。今天的一些分析家，特别是现代货币理论学派[27]，辩称现在和战后一样，在经济进一步增长的情况下，这些债务的偿还将相对轻松。他们的理由是，每 100 美元的债务最终将产生数百美元的产出，而现代西方的当前债务，就像第二次世界大战后的债务一样，将在几十年内偿还。

然而，1945年和今天存在一些关键差异：

首先，1945年只有大约5%的人口退休，战后的巨大生产力繁荣尚未到来，那时的债务是为了资助基本的重建工作，因此会带来立竿见影的经济扩张。如今，西方的投资回报似乎不太可能达到类似的水平，更重要的是因为最近的债务，包括新冠疫情期间增加的几乎所有债务，都是为了防止经济崩溃而承担的。这些债务的目的不是增加新的产出，而是保护现有的产出不会消失，因此它们不太可能产生足够的回报，自我清偿。

其次，政府支出的需求只会有增无减。随着人口老龄化加剧，对医疗保健、养老金和公共服务提出了更多要求，在日本这样的国家，这些领域占到了总公共支出的三分之一，政府预算将面临不断上升的压力。目前大多数西方国家15%—20%的人口已经退休，根据目前的趋势，这些数字将继续上升，到21世纪中期将接近25%—30%。几乎一半退休人员将达到75岁以上，届时人均医疗支出将会急剧增加。相当沉重的是，西方国库已经到了"人们预期寿命缩短是利好消息"的地步，2022年英国宣布新冠疫情导致人口预期寿命缩短，国库因此获得小额意外收益，便是最具戏剧化的例证。

再次，政府债务的当前利率极低。以美国的十年期

第八章 "国家之死"

国债为例，美国整个经济的利率基准在 1980 年曾飙升至近 16%，然后开始长期下跌，2020 年几乎降至零，这一趋势在大多数其他发达经济体中也有所体现。即便如此，在 2022 年 2 月，英国政府还是创下了历史上最大规模的政府债务利息支付。2022 年西方社会的利率开始上升，政府面前出现了新的问题——即支付利息的负担将进一步侵蚀它们的支出能力。此外还有一点，战后几乎没有发生严重危机的私人债务负担，正如人们观察到的，在过去的几十年里也开始飙升。

债务不会自行减少，事实上还将继续增加，再加上需要支付的利息，西方国家甚至其公民，将如何应对这个日益紧迫的财政问题？

中央银行可以决定无限期地延长"金融压制"，在更长的一段时间内将利率保持在通胀之下。这是第二次世界大战后政策组合的另一维度，当时政府的借款成本低于通胀率，债务的价值会随着时间的推移被通胀侵蚀。这对政府来说是有益的，因为它们的税收会随着通胀而增加，而债务则不会增加。例如，西方的中央银行将实际利率（即利率与当前通胀率之间的差）保持在负 3%（到 2022 年，这个数字翻了一番），国债的收入价值在大约 25 年内将几乎减半。虽然这种办法可能看上去很聪明，可以推迟解决问题，直到问题最终消失，但会对社会造成不利影响。比如退休选民的问题，在西方社会中，退休选民是一个拥有政治活力的群体，不仅因为他们的人数在增加，而且他们也是最有可能在投票日出席投票的人。尽管养老金基金在新自由主义时代的资产价值繁荣中表现出色，但随着领养老金的人口逐渐增长，养老基金将需要购买越来越多的政府债券，因为这样每月都能有稳定的收入流，就像个人每个月都能领到钱一样。[28] 随着时间的推移，金融压制将减少这些收入流的价值。政治家可能希望没人注意到其中的蹊跷，但今天退休、余生勒紧腰带度日的人有可能意识到正在发生的事情，而且很可能会投出相应的选票。

政府可以尝试采取古老的组合方式，即削减开支或提高税收，但这样做面临巨大的障碍。现有西方财政契约中嵌入的成本将会推高支出。甚至在新冠疫情暴发前，人们都已经广泛接受这样的事实，经过十年的紧缩政策后，英国国民医疗服务体系已经陷入严重衰退，人们普遍认为，为了满足不断上升的需求和技术升级带来的额外成本，每年需要增长4%的医疗支出。这还没有把不断增加的养老金支出计算在内；2022年，英国首相承认，1%或2%的增长不足以长期支付国民医疗服

第八章 "国家之死"

务。政府通常可以要求市民纳税来改进服务,市民通常也乐意这样做。然而,要求他们纳税为已经提供的服务买单,尤其是这些服务以前是用债务支付的,且他们可能永远不会享受这些服务,那就是另外一回事了。

目前,西方国家政府主要通过收入和消费税来实现大部分的财政收入。消费税,如销售税和增值税,会提高物价,而所得税则会严重影响工薪阶层。就目前的情况而言,随着老龄化人口逐年增长,西方国家的普通劳动者需要与另一名在职劳动者共同负担一位退休人员。从现在到 21 世纪中叶,这个数字将不可避免地趋近于一对一。换言之,年轻劳动人口的税务负担必定会上升,再加上全球化和新冠疫情带来的债务,负担还会进一步加重。以英国为例,刚刚步入职场的大学毕业生将来可能高达一半的收入都要拿来缴税。用提高税收来偿还债务的第二大问题也因此浮现出来:当税收上升而公共服务没有相应增加时,将产生财政契约破裂的风险。古罗马帝国的衰落便是这种后果的明证。

要想找到最佳办法来解决西方的债务问题仍然不容易。西方政府很有可能将继续对那些能够承受的经济体实行利率压制,并通过各种增税和服务削减来达到目的。忽视这些财政方面的限制将导致利率不断上涨,从而出现灾难性的经济后果，就像英国2022年秋季的"小预算"所显示的那样。在老龄化人口增加和经济增长减缓的一般背景下，妥善组合这两种办法将会特别困难。如果服务削减得太多，会引发社会动荡的加剧，同时国家的重要职能也会被削弱。20世纪末，一些发展中国家面临类似的债务问题，不得不大规模提高税收和削减支出，而且通常得不到西方的同情，比如在亚洲金融危机之后，克林顿政府实施紧缩政策，发展中国家陷入危机，西方却正在庆祝其最大的繁荣。这些国家的经验揭示了西方面临的潜在问题。在许多情况下，大部分劳动人口实际上退出了税收体系。底层的小承包商用现金开展业务，进口商贿赂收入微薄的海关官员，免得缴纳进口税，而超级富豪则将他们的财富藏在瑞士银行账户，恶性的下行螺旋就这样出现：不断下降的税收将迫使政府进一步削减服务。

那些受影响最严重的国家，20世纪末的紧缩政策打破了现有的财政契约，顶层和底层的公民选择退出现有政治结构，权力实际上被重新分配，有时甚至落入一些极度恶劣的人手中。在牙买加和巴西毒品团伙控制的市中心平民区，墨西哥卡特尔控制的地区，还有巴基斯坦边境地区或阿富汗，有塔利班活跃的许多地方，可能

第八章 "国家之死"

会建立起"国中国"。这幅画面可能看起来离我们很遥远，但西方社会已经能看到这幅景象的早期表现，许多西方城市的一些萧条地区实际上沦为帮派领地，而且国家履行承诺的能力也越来越弱。比如英国，对警察和法院系统的预算削减导致现在每100起强奸案只有一起案件受到惩罚。实际上，这等于悄悄废除了刑罚。随着人们被迫缴纳更多税款来偿还过去的债务，而政府提供的回报却越来越少，总有一天公民可能会开始思考，他们纳税究竟是为了什么。考虑到"纳税道德"（即人们认为纳税可以获得某些回报，因此愿意上报收入并诚实纳税），以及纳税机构的效力逐渐减弱对税收的影响（在政府节约开支的背景下，这些机构本身经常成为削减目标），未来越来越多的人可能会想方设法避税也就不足为奇了，就像公元5世纪罗马帝国的地方精英一样，而这预示着整个体系的崩溃。

等待西方的可能正是这样的未来——政治分裂日增，不稳定性加剧，公共服务逐渐遭到侵蚀，人们生活水平下降。然而西方社会其实不必这样自作孽，而是找到其他可能的出路。

结　语
帝国的衰落

Conclusion
Death of the Empire?

公元468年春夏之交，君士坦丁堡再一次捍卫了西罗马帝国。当时，东罗马帝国委任安特米乌斯（Anthemius）担任西罗马皇帝，从君士坦丁堡赴任，并承诺提供切实的军事援助，东罗马皇帝利奥一世（Leo I）言出必行，这次援助派出了庞大的舰队，包括1,100艘船，还有5万名士兵和水手，耗费超过12万磅黄金。这次远征的目的地是北非的汪达尔－阿兰联盟王国，其主要目标是消灭（匈人无意中带到罗马领土的）新兴盟国之一，并将西部最富裕的行省重新收归帝国控制。

如果此战成功，不仅能增加收入流，振兴西罗马帝国中心，而且还能暂时制止另一种危险现象：罗马行省的地主对旧主子的忠心越发动摇，转向其中一个新兴的野蛮盟国。甚至在公元468年之前，安特米乌斯便一直在阿尔卑斯山以北活动，展开攻势，争取夺回高卢精英的忠心，这些精英一直在转向西哥特和勃艮第国王的政治轨道。如果能在北非取得胜利，就能保证更多收入，从而保证更强大的军事力量，这样安特米乌斯就更容易地说服摇摆不定的西部精英，继续效忠罗马是他们可预见的最好出路。

不幸的是，安特米乌斯的这次远征以失败告终。当不识时务的风向将船只定在布满岩石的海岸线上时，汪达尔人得以发动了一系列使用火船的毁灭性袭击，这次远征就这样结束。不过，后来532—533年君士坦丁的远征成功摧毁了汪达尔王国，但到那时，已经来不及重振西罗马帝国（因为西罗马帝国已经不复存在）。因此，早期远征并非绝无成功的可能，如果安特米乌斯的运气再好一点，就有机会将西罗马帝国从濒临崩溃的边缘拉回，这样西罗马帝国就不会土崩瓦解。汪达尔－阿兰王国覆灭之后，留下了两个强大的野蛮联盟，控制着帝国曾经的重要税基，不列颠尼亚已经落入他人之手，而法兰克军队正在跨越莱茵河。如果安特米乌斯的远征成功，西罗马帝国的霸权地位肯定会得以恢复，成为其

结　语　帝国的衰落

势力范围内最强大的军事和政治力量，西哥特人和勃艮第人将俯首称臣，摇摆不定的行省精英将重新效忠于帝国（有的心甘情愿，有的不情不愿）。最终的产物可能更像是罗马帝国领导下的联邦（而不是简简单单的帝国本身），其后续政治活动也将更为复杂。尽管如此，直到公元468年，实际上仍然存在机会，为重新构建后的西罗马帝国注入新的生命。

在本书即将结束之际，现代西方尚未面临公元5世纪60年代末西罗马帝国的那种"最后关头"。现代西方帝国的成员国仍然掌控着丰厚的收入，尽管相对20世纪末已经下降很多。不过，对现代西方帝国与罗马帝国兴衰的持续比较能得出十分明确的观点。首先，与古罗马一样，现代西方帝国面临的是其自身制造的危机，其结构的运作（最终）激发真正超级大国竞争对手的崛起，旧帝国的边缘地带出现了充满自信的新大国。这些新实体的崛起，与公元4世纪和5世纪罗马帝国的情况一样，并在西方帝国体系的两个层面上产生严重分歧。互相竞争的西方领导人为了如何更好地应对后帝国时代的新秩序而争论不休，在这样的秩序当中，一些人能获得前所未有的繁荣，其代价却是其他许多人的生活水平下降。

帝国为什么衰落
— 罗马、美国与西方的未来 —

　　然而，尽管西方社会还没有像公元 5 世纪 60 年代末的西罗马帝国那样到了生死攸关的阶段，但与公元 5 世纪早期罗马领袖所面临的情况有某种程度的相似。与罗马帝国类似的是，西方社会现在面临着严重的财政问题，足以威胁到作为现有社会秩序基础的财政契约；与罗马帝国不同的是，现代西方不能对外国产粮区重新殖民化，以此来补充其资源基础。罗马帝国失去北非后出现的那种收入崩溃尚未发生，尽管在某种程度上是得益于当时罗马统治者所没有的工具——债务，使政府和市民都可以通过借款来透支未来的收入，但这样做实际上只是意味着，即将到来的收入危机被推迟了而已。即便如此，像新兴大国崛起，以及旧帝国边缘地带出现的一系列强大新实体，将成为西方社会生活中永远无法抹去的事实。如果古罗马帝国的崩溃到了晚期仍有逆转的可能，那么现代西方帝国的崩溃肯定是可以逆转的，只要西方阵营接受这样的观念——不能（也不应该）通过恢复旧的殖民统治来支配世界秩序。

　　然而，要想积极应对旧秩序的过渡，实现最理想的结果，需要进行一系列艰难的调整，甚至超越已有调整的范畴。对西方社会内部来说，在人口不断老龄化以及生育率没有出现复苏的背景下，必须就移民问题开展更

结　语　帝国的衰落

加开诚布公的辩论，从而创造越来越高的社会依赖性。在国际上，必须更加富有同情心，更加平等地对待那些与旧西方大国共享重要文化和制度传统的新兴大国，在条件允许的情况下，西方社会可以建立足够强大的新联盟，与中国进行真正平等的交往。这些信息对西方选民来说不容易接受，因为"移民正在抢走我们的工作"或单打独斗等其他明显虚构的说词——将美国、英国或波兰置于"第一位"，比起参与西方阵营的集体行动，将使任何单个西方国家从中国或印度那里获得更好的贸易条件。

如果新一代西方领导人及其选民能够应对这些挑战，坚持在国内摆脱殖民遗产的努力，同时抓住机会，构建更广泛、更具包容性的国际联盟，那么旧西方帝国不可避免的终结仍然可以产生一系列非常积极的结果，而且这种积极结果将不仅仅使西方受益。如果能重塑自身，适应真正的后殖民时代，西方国家将实现社会一体化，其广泛程度将超越任何其他国家形式。然而，制度并非存在于真空之中，也不能虚情假意地加以维持。即使其价值得到普遍承认，它们仍然要靠经济和政治力量的平衡才能实现。如果对债务的回应不当，财政契约的推进无法照顾足够多的人群，西方可能很快会面临国家的死亡，包容性较低的政治结构将取而代之。

在过去，当国内政治的稳定受到威胁时，西方政府能够通过将剥削外包到边缘地带来减轻压力。如今，这个选项已经不复存在：他们只能剥削自己的同胞。因此，如果西方国家要缓解内部紧张局势，过去几十年从全球化受益最多，特别是前10%的富裕公民，将不得不提供更多资源来建立新型的社会－政治模式，因为现在已经没有来自国外的大量财富流入。新冠疫情迫使每个人都为了社会上最脆弱的少数人的利益做出牺牲，并使更多人认识到那些收入较低的"关键"工作者对整体社会和经济的贡献，这种变化引发了一场讨论，即西方重建社会凝聚力需要什么样的政策类型。然而，要使这些政策生效，西方社会必须下更多功夫，而不仅仅是走上街头，欢呼喝彩。新财政契约可能需要包括债务大赦（尤其是学生贷款方面），以确保普遍的基本收入，并确保每个人都有更宽裕的最低生活标准，同时制定政策以扩大经济适用房的建设，让人们买得起能正常负担的住房，也许还包括转向对财富征税，而不是对收入征税。在此需要再次强调的是，类似的政策组合执行起来可能并不容易，尤其会对政治体系中的富人产生很大的影响。但是，富人最有能力缴纳财富税，用来重振经

结　语　帝国的衰落

济：奖励那些将财富用于投资，创造新收入的人，惩罚那些仅仅打算聚敛更多财富的人，无论是土地投机，还是超级游艇，财富税都能将资金引向更有生产力的用途。这些改变可能还需要一些国家（至少是部分国家）采取措施，加强宽松的劳动法，减少不安全就业，比如2022年，一家英国渡轮运营商非法解雇其员工，然后用廉价员工替代，这家公司只用支付最高限额的罚款，然后将这笔罚款记作业务支出，就能钻法律的空子。在更安全的就业、更合理的最低工资、减免学费以及慷慨的职业再培训计划方面，这样做不仅能够形成更大的社会凝聚力，还有可能成立更有生产力的企业（这种模式与目前的斯堪的纳维亚模式类似）。

重新调整财政契约，避免当前社会朝着分歧加剧的方向发展，还需要加强而非减少国际合作。理想的出发点是达成国际税收协定，打击离岸避税，并减少"税收套利"。据估计，离岸避税地目前隐匿了逾7万亿美元的寡头财富，即跨国公司和富人通过创建复杂结构或寻找低税国家庇护自己的财富和收入，这样其母国将难以找到他们的财富并征税。目前来看，类似的税收协定已经取得了一定程度的进展。2021年经济合作与发展组织发布了关于全球最低税率的国际声明，即130个国家同意将企业税率设定为不低于15%，据估计，单单这一项举措每年就可以为世界各国政府提供1,500亿美元的额外收入。

各国政府也可以达成关于减少温室气体排放和绿色新政的国际协议，防止碳排放的恶性竞争，确保年轻一代拥有宜居的未来。这些举措可以与全球碳税制度挂钩，尤其是在结合分红方案的情况下，将碳税的收入分配给广大人口。对于那些经常认为自己是环保政策输家的人（即工人阶级），这样做也更可能赢得他们的支持。如果国家对那些污染最严重的富人征税，同时平等地分配红利，将更好地奖励全球收入规模较低的人群。最后，西方国家还需要改革养老金制度，恢复其长期可行性，例如，将推迟退休年龄作为降低薪酬水平的替代方案，毕竟在创立这些养老金制度时，没有人预料到人们退休后会活得跟工作年限一样长。

这些政策选择是必要之举，却都不容易实现。然而无论发生什么，西方都不可能再像19世纪和20世纪那样再次伟大。世界经济的基本结构已经发生十分深刻的变化，西方社会要想重拾之前两个世纪的荣光已经不可能实现，因此，某些西方领导人不能再假装西方阵营能重铸往日辉煌。此外，如果西方社会能坦诚地认识到，

结　语　帝国的衰落

现代西方帝国最初是通过何种程度的武力和剥削构建的，那么整个社会也就不会为了这种秩序的终结而感到悲伤。对于那些崛起的边缘地带来说，如果他们的物质进步不再被视为威胁，而是受到欢迎和鼓励，其公民将更有可能接受新的世界秩序。这样一来，虽然西方帝国在殖民时代犯下可耻行径，但至少不会抹去这样一种观点——西方社会最终会通过内部冲突找到一种更具共识的社会政治组织模式，该模式能为更多的公民提供更多好处，而且这些好处是其他竞争对手无法超越的，不仅体现在经济繁荣和个人自由方面，也体现在通常被视为理所当然的政治和法律权利方面，而在人类历史的大部分时间里，这些权利都是如此罕见。

如果西方国家的公民能够把握未来的关键挑战，用更包容和更公平的方式对待更多的公民，并通过民主方式解决不可避免的争论，特别是，如果能让崛起的边缘地带相信，在这个基于共享价值观的广泛体系内，他们将获得更加公平的未来，那么收益将是巨大的。最初靠其他地方财富杠杆流动而建立的西方国家，不仅能渡过可能危及生存的紧要关头，也能产生真正伟大的后殖民遗产，让自己的公民从心底里感到自豪。

注 释

1. 在政治谱系的极端边缘，有人希望通过边缘地带移民的"黑暗阴谋"，取代西方人口。这个所谓的"替代理论"（Replacement Theory）可追溯到1973年的一部反乌托邦小说（参阅 Jean Raspail, *Le camp des saints*, Paris: Robert Laffont, 2011），但也参照了伊诺克·鲍威尔（Enoch Powell）1968年的"血之河"演讲。在一定程度上，这种理论从一些非常模糊的政治边缘发生转变（曾挑起一些恐怖袭击），进入更主流的圈层，出现在匈牙利维克多·奥尔班（Viktor Orban）和意大利马泰奥·萨尔维尼（Matteo Salvini）的演讲中，同时也贯穿了法国的"黄背心"运动。

2. 弗拉维乌斯·斯提里科（Flavius Stilicho）出生在罗

帝国为什么衰落
罗马、美国与西方的未来

马,但他的父亲是一位汪达尔移民。9年后,他的竞争对手抓住机会发动了一场血腥政变,斯提里科和他的孩子被当场处决。

3. 现代一些知识分子喜欢引用罗马历史来支持自己的主张,即自由制度能够产生更具活力的经济,但令人尴尬的是,根据阿西莫格鲁-罗宾逊(Acemoglu-Robinson)的论点,罗马帝国实际上在放弃共和制之后蓬勃发展的。

4. 即使在今天,美国经济产出的绝大部分都在国内消耗了,而加拿大和墨西哥占其外部贸易的一半;与英国、法国或荷兰统治时期的模式相比,并没有太大不同。

5. 截至当时,君士坦丁堡是埃及和罗马近东行省类似出口的主要目的地。

6. 东罗马帝国的许多个体精英有类似的故事。他们的教育均用希腊语完成,但传达的思想完全相同,并为公元4世纪帝国结构的蓬勃发展提供了相似的支撑。

7. 西班牙和葡萄牙一些最初的殖民地确实见证了大规模的欧洲移民定居拉丁美洲,但即使在19世纪初赢得独立之后,它们也从未像英国的白人殖民地那样,在发展中的西方帝国体系内崛起,并获得正式的省级地位。与西班牙、葡萄牙一样,这些殖民地处于精英地主阶级通过农业产生的财富统治之下。独立运动正是由这些地主领导的,之后他们对推翻其卓越地位所依赖的经济模型没有太多兴趣。因此,拉丁美洲精英身处西方资本主义正在兴起的文化之外(这种文化越来越注重市场、个体自由和民

注　释

主），而他们统治的领土只能在新兴帝国体系的内围边缘地带运作。

8. 1941年1月7日，《纽约时报》报道："美国国库持有相当于220,207,004,446美元的黄金，占世界货币储备的约80%"。（https://www.nytimes.com/1941/01/07/archives/22020700446-gold-held-by-treasury-about-80-of-monetary-stock-of.html）

9. 一些拉丁美洲国家和一些来自边缘地带的独立国家参加了会议（如伊拉克），尽管这些国家对最终协议的影响有限。

10. 1945年，英镑是世界主要储备货币，但在接下来的几十年里，逐渐被美元所取代，如今全球约五分之三的外汇储备存放在美国。（参考：Barry Eichengreen, Livia Chiţu and Arnaud Mehl, *Stability or Upheaval? The Currency Composition of International Reserves in the Long Run*, European Central Bank Working Paper Series #1715, August 2014: https://www.ecb.europa.eu/pub/pdf/scpwps/ecbwp1715.pdf）。

11. 美国财政部实际上并没有制造有形货币。银行只是按照指示，将理论上可以兑换成黄金的美元金额记入客户的账户。

12. 1974年美国中央情报局的一份文件评估了苏联对阿连德的支持，其坦白程度令人震惊，其标题也十分直白——《苏联抛弃阿连德》，参阅 https://www.cia.gov/library/readingroom/

帝国为什么衰落
― 罗马、美国与西方的未来 ―

docs/DOC_0000307740.pdf.

13 欧洲野蛮人确实击败并杀死了短暂在位的皇帝德基乌斯（Decius），但德基乌斯只控制着帝国的一小部分资源，他的失败并没有像波斯人定期发动的那种进攻规模一样大。

14. 另一种基本的可能性是，匈人的到来是由于草原世界不断发生的政治革命，这种革命促使波斯朝着更大规模的帝国发展；两种解释并不互斥。

15. 公元2世纪所谓的马克曼尼克战争有着相似的根源，并以马库斯·奥勒留（Marcus Aurelius）建了一根罗马纪念柱来庆祝胜利告终。

16. 这是中世纪的普遍模式，6世纪的阿瓦尔人和9世纪的马扎尔人都是如此，即游牧民族先占领黑海以北的领土，然后向西移动，来到匈牙利大平原。

17. 这一现象在公元395年的《罗马百官志》（*Notitia Dignitatum*）中可以看到，这份百官志记录了东罗马帝国的军事名单，其中有16个重步兵单位"缺失"，即它们在20年的间隔期内没有进行重组。

18. 考古学证据表明，边境上因此产生的空缺通过雇用边境外的野蛮辅军来填补。

19. 公元5世纪30年代末，勃艮第人被匈人击败后定居在罗马领土上；他们显然不像西哥特联盟那样强大。

20. 西格里乌斯（Syagrius）和纳博讷的利奥（Leo

注 释

分别向勃艮第和西哥特国王献策；一位名叫"阿尔万都斯"（Arvandus）的高卢近卫军长官，以及一位名叫"塞罗纳图斯"（Seronatus）的副长官，皆因鼓动邻国国王扩大对高卢地区的控制而被定罪。

21. 从 DNA 的角度来看，欧洲人后代是远古时期三个不同人口群体相互融合的产物，尽管在不同地方的比例略有不同：首先是末次冰期后首次重新定居欧洲的狩猎者和采集者；其次是从公元前 4000 年左右到欧洲的近东农业移民；最后是在这之后 1000 年、来自欧亚大草原抵达欧洲的人口迁移。

22. 自认为中产阶级，甚至是工薪阶级的人（一些加入工会的专业人士也这样自认为），如果了解到他们在地球上属于最富有的 1% 时，通常会感到惊讶，因为他们认识的大多数人与自己类似。但这暴露了我们社交化方式当中（有意识或无意识的）偏见，或者所谓的"相称配合"。过去的跨阶层婚姻可以缓解这种效应，但近几十年来，最富有阶层之间的同类交往有所增加，似乎进一步加大了社会前 10% 与其余部分的距离。

23. https://ourworldindata.org/grapher/disposable-household-income-by-income-decile-absolute?time=1979..latest&country=~USA。

24. 联邦国民抵押协会和联邦住房贷款公司，俗称为房利美（Fannie Mae）和房地美（Freddie Mac）。

25. https://www.project-syndicate.org/commentary/

western-sanctions-russia-oligarch-dark-money-by-daron-acemoglu-2022-03。

26. George Parker and Chris Giles, *Johnson seeks to channel FDR in push for UK revival*, 29 June 2020: https://www.ft.com/content/ f708ac9b-7efe-4b54-a119-ca898ad71bfa。

27. 诚然一些经济学家质疑这种观点的现代性，认为它与传统的凯恩斯主义非常相似，甚至在20世纪早期德国的"名目主义"货币理论中有更深层次的根源。

28. 随着养老金计划的成员接近退休年龄，基金经理需要将更多的投资组合投入安全领域，如政府债券：他们不能冒险投资可能有利可图但有失败风险的商业公司，虽然这种风险可以通过基金经理进行长期投资来消除，但如果客户期望每月都能获得定期付款时，这个选项也就被排除在外。

延伸阅读

爱德华·吉本的著作由企鹅出版社以完整或删减形式出版。彼得·希瑟的思考详见《帝国与蛮族：从罗马到欧洲的千年史》(*Empires and Barbarians: Migration, Development, and the Birth of Europe*, London, 2009)，该书附有学术参考资料。约翰·拉普利对当代全球化以及崛起与衰落深循环的思考，可参阅《全球化与不平等》(*Globalization and Inequality*, Boulder, Lynne Rienner, 2004)，拉普利自此开始与彼得·希瑟讨论古罗马帝国与现代西方帝国之间的相似之处。

第一章　公元 399 年的乱局

克劳狄的所有诗作可参阅莫里斯·普拉特纳（Maurice Platnauer）的译本（*The Works of Claudian, Loeb*, London, 1922，如有兴趣，可对照拉丁原文阅读）。有关克劳狄所效力的宫廷的生动描述，参阅 Alan Cameron, *Claudian: Poetry and Propaganda at the Court of Honorius*（Oxford，1970）。关于罗马帝国晚期经济崩溃的旧正统派经典论述，参阅 M. Rostovtzeff, *The Social and Economic History of the Roman Empire*, 2nd ed., rev. P. Fraser（Oxford, 1957）。

有关生动描述罗马帝国晚期经济繁荣的更多证据，参阅 G. Tchalenko, *Villages antiques de la Syrie du Nord*（Paris, 1953—1958）以及 Bryan Ward Perkins, *The Fall of Rome and the End of Civilisation*（Oxford, 2005），可参阅彼得·布朗（Peter Brown）的诸多著作，尤其是 *The Rise of Western Christendom*, rev. 3rd ed.（Oxford, 2013），为了解罗马帝国晚期及其文化繁荣提供了出色的参考资料。前英国公务员关于罗马帝国政府结构的报告可参阅 A.H.M. Jones, *The Later Roman Empire:*

延伸阅读

A Social Economic and Administrative Survey, 3 vols（Oxford, 1964）。

罗马比较史研究在现代历史学家中有着悠久的传统，一些经典著作（无论优劣）仍然受到普通读者的欢迎，如阿诺德·汤因比（Arnold Toynbee）的《历史研究》（*A Study of History*）和奥斯瓦尔德·斯宾格勒（Osvald Spengler）的《西方的没落》（*Decline of the West*）。当代评论家（特别是美国或欧洲右翼），对文明崩溃和野蛮入侵的观点特别感兴趣，尽管其中很多观点属于骇人听闻或文献不足。不过有一篇开创性的论文值得一提（无论优劣），该文影响了近年来的外交政策思想，即罗伯特·卡普兰的《即将到来的无政府状态》（*The Coming Anarchy*），最初发表于《大西洋月刊》（1994年），后来编撰成书出版（纽约，2000年）。

有关当代世界经济的数据来自世界银行的《世界发展指标》，这是更权威且易于获取的数据库之一。关于历史时期国内生产总值和人均收入估算的标准来源，可参阅安格斯·马迪逊（Angus Maddison）编制的数据库，现保存在 https://www.rug.nl/ggdc/historicaldevelopment/maddison/releases/maddison-project-database-2020?lang=en。

第二章　帝国与扩张

奥索尼乌斯《摩泽尔》的译本参阅 H.G. Evelyn White, *The Works of Ausonius*, Loeb, vol. 2（London, 1961），提供拉丁语对照，且附有叙马库斯的尖刻评论。有关二人广泛文化背景演变的生动描述，参阅 G. Woolf, *Becoming Roman: The Origins of Provincial Civilization in Gaul*（Cambridge, 1988），以及 R.A. Kaster, *Guardians of Language: The Grammarian and Society in Late Antiquity*（Berkeley, 1988）。有关二人所供职的宫廷世界的最佳研究，参阅 J.F. Matthews, *Western Aristocracies and Imperial Court A.D. 364—425*（Oxford, 1975）。20世纪末进行的考古调查产生了令人振奋的结果，可参阅 T. Lewitt, *Agricultural Production in the Roman Economy A.D. 200‐400*（Oxford, 1991），有关进一步的观点，参阅 C. Wickham, *Framing the early Middle Ages: Europe and the Mediterranean 400‐800*（Oxford, 2005）。公元4世纪忒弥修斯（Themistius）为东罗马帝国君士坦丁二世发表的第四篇演说，评论称罗马政治无关紧要，其

延伸阅读

全文翻译可参阅 P.J. Heather and D. Moncur, *Politics, Philosophy, and Empire in the Fourth Century: Select Orations of Themistius*, Translated Texts for Historians（Liverpool, 2001）。

现代资本主义的起源仍然是备受争议的话题，更不用说人们对现代资本主义起源于欧洲（就我们所知）这一明显谜团的普遍好奇心了。在《枪炮、病菌与钢铁：人类社会的命运》（*Guns, Germs and Steel: The Fates of Human Societies*, New York, 1997）一书中，贾雷德·戴蒙德（Jared Diamond）提出了一个备受争议的论点——将资本主义的起源和扩张归因于环境因素。埃里克·琼斯（Eric Jones）在《欧洲奇迹：欧亚史中的环境、经济和地缘政治》（*The European Miracle: Environments, Economies and Geopolitics in the History of Europe and Asia*, Cambridge, 1981）中添加了政治因素，如需进一步延伸阅读，可参考林毅夫（Justin Yifu Lin）有关资本主义为什么没有起源于晚清帝国的讨论：The Needham Puzzle: Why the Industrial Revolution Did Not Originate in China, *Economic Development and Cultural Change*, vol. 43, no. 2（January 1995），pp. 269—292，该书提出了有

趣的论点,即中国的科举制度鼓励雄心勃勃的年轻人进入官僚体制。但目前关于资本主义制度起源最有影响力的综合研究可能仍然是达伦·阿塞莫格鲁(Daron Acemoglu)和詹姆斯·罗宾逊(James Robinson)的《国家为什么会失败》(*Why Nations Fail*, New York, 2012)。至于早期的意大利资本主义,有关案例研究可参阅 Frederic C. Lane, *Venice: A Maritime Republic*(Baltimore, 1973)。范德比尔特家族的历史可使用数据库 https://longislandsurnames.com 重建,有关20世纪初欧洲大规模移民的资料,可参阅 Tara Zahra, *The Great Departure: Mass Migration from Eastern Europe and the Making of the Free World*(New York, 2016)。

第三章　莱茵河以东,多瑙河以北

有关罗马边境线的建立以及随之而来的非罗马世界的经济发展,参阅 P.J. Heather, *Empires and Barbarians: Migration, Development, and the Birth of Europe*(London, 2009),本书汲取了大量的考古研

究和分析，尤其是洛特·赫代加（Lotte Hedeager）的精彩著作 *Iron-Age Societies: From Tribe to State in Northern Europe, 500 BC to AD 700,* trans. J. Hines（Oxford, 1992）。有关未受罗马兴衰影响的"外围"欧洲世界，可参阅 P.M. Dolukhanov, *The Early Slavs: Eastern Europe from the initial Settlement to the Kievan Rus*（Harlow,1996）。关于公元 4 世纪瑟文吉的考古证据汇总，参阅 P.J. Heather and J.F. Matthews, *The Goths in the Fourth Century*, Translated Texts for Historians（Liverpool, 1991），第二章。关于古代琥珀之路，参阅 A. Spekke, *The Ancient Amber Routes and the Geographical Discovery of the Eastern Baltic*（Chicago, 1976）.

有关贾姆谢特吉·塔塔的生平故事，参阅 F.R. Harris, *Jamsetji Nusserwanji Tata: A Chronicle of His Life*（Bombay, 1958），有关对塔塔时代孟买商界的对照研究，参阅 S.M.Rutnagar 的 *The Bombay Cotton Mills: A Review of the Progress of the Textile Industry in Bombay from 1850 to 1926 and the Present Constitution, Management and Financial Position of the Spinning and Weaving Factories*（Bombay, 1927）。

有关当代全球边缘地带的发展，参阅 John Rapley, *Understanding Development: Theory and Practice in the Third World*, 3rd ed.（Boulder, 2006），有关殖民主义发展的详细研究，参阅 John Rapley, *Ivoirien Capitalism: African Entrepreneurs in Côte d'Ivoire*（Boulder, 1993）。有关对殖民主义在外围地区薄弱影响的深入洞察，可参阅法国殖民官员罗伯特·德拉维涅特（Robert Delavignette）的日记：《法属西非的自由与权威》（*Freedom and Authority in French West Africa*, London, 1950）。有关印度，可参阅安格斯·麦迪森（Angus Maddison）的 *Class Structure and Economic Growth: India and Pakistan since the Moghuls*（London, 1971），本书表明英国行政管理几乎依赖于当地代理人。

第四章 金钱的力量

罗马历史学家阿米亚努斯·马塞林努斯（Ammianus Marcellinus）对切诺多玛和马克里安努斯的叙述，全文翻译（及拉丁文对照）参阅 J.C. Rolfe, *Ammianus*

Marcellinus, Loeb（London, 1935），但遗憾的是，企鹅经典系列优秀译本略去了与马克里安努斯相关的一些章节。值得反复阅读的书籍可参阅 John Drinkwater, *The Alamanni and Rome 213—496*（Oxford, 2007），但本书太过于置大量证据于不顾，将阿勒曼尼人描述为毫无威胁的存在，参阅 P.J. Heather 'The Gallic War of Julian Caesar', in Hans-Ulrich Wiemer and S. Rebenich（ed.）, *A Companion to Julian the Apostate*（Brill, 2020）。关于瑟文吉哥特联盟，参阅 P.J. Heather, *Goths and Romans 332—489*（Oxford, 1991）。关于日耳曼语世界领导层军事化的语言证据，参阅 Dennis Green, *Language and History in the Early Germanic World*（Cambridge, 1998），洛特·赫代加也曾提到了罗马帝国晚期令人惊讶的武器贮藏。

关于印度商界的政治觉醒以及对民族主义运动的逐渐支持，参阅 Claude Markovits, *Indian Business and Nationalist Politics*, 1931-1939（Cambridge University Press, 1985）, p. 32。关于去殖民化运动和所谓的第三世界兴起，参阅 John Rapley, *Understanding Development: Theory and Practice in the Third World*（Boulder, 2006）。有关两位伟大设计师

的辩论对战后布雷顿森林体系创立的有趣探讨，参阅 Benn Steil, *The Battle of Bretton Woods: John Maynard Keynes, Harry Dexter White, and the Making of a New World Order*（Princeton, 2013），有关完整阐述可参阅 John Rapley, *Twilight of the Money Gods*（London, 2017），第十二章。有关此后英镑作为世界储备货币的迅速衰落和全球美元秩序的崛起，参阅 Barry Eichengreen, Livia Chiţu and Arnaud Mehl, *Stability or Upheaval? The Currency Composition of International Reserves in the Long Run*, European Central Bank Working Paper Series #1715, August 2014。最后，在有关智利政变的大量文献中，也许没有比中央情报局的文件标题"苏联抛弃阿连德"寥寥文字更加直白的了，参阅 https://www.cia.gov/library/readingroom/docs/DOC_0000307740.pdf。

第五章　分崩离析

关于西罗马帝国体系的终结，有关彼得·希瑟观点的详细阐述，可参阅 *The Fall of the Roman*

延伸阅读

Empire: A New History of Rome and the Barbarians （London, 2005）。有关野蛮因素不甚重要（但不否认其存在）的观点，可参阅 Walter Goffart, 'Rome, Constantinople, and the Barbarians in Late Antiquity', *American Historical Review* 76（1981），275—306；Guy Halsall, *Barbarian Migrations and the Roman West 376—568* （Cambridge, 2007）；以及 Michael Kulikowski, *Imperial Tragedy: From Constantine's Empire to the Destruction of Roman Italy（363—568）* （London, 2019）。

有关帝国重新聚焦北欧的地缘战略转变，参阅 Peter Heather, *Empires & Barbarians: Migration, Development and the Creation of Europe* （London, 2009）, Chris Wickham, *Framing the Early Middle Ages: Europe and the Mediterranean 400—800* （Oxford, 2005）。关于东罗马帝国与波斯的战争和伊斯兰的兴起，导致东罗马帝国沦为拜占庭地区强国的最佳阐述，可参阅 Howard-Johnston, *The Last Great War of Antiquity* （Oxford, 2021）, Mark Whittow, *The Making of Orthodox Byzantium, 600—1025* （London, 1996），以及 John Haldon, *Byzantium in the Seventh Century: The Transformation of a Culture*（Cambridge, 1990）。有关圣希多尼乌斯·阿波黎纳里斯信件的译文，可参阅其译文（附拉丁文）：W.B. Anderson, *Sidonius Apollinaris Poems & Letters,* Loeb（Cambridge,MA., 1936，1956）。

第六章 蛮族入侵

有关盎格鲁－撒克逊人接管英格兰南部的旧观点，以及这些观点为何需要修订以及如何修订的精彩介绍，参阅 Simon Esmonde-Cleary, *The Ending of Roman Britain*（London, 1989，不过有多个版本）。有关更完整的叙事重构，参阅 Peter Heather, *Empires & Barbarians: Migration, Development and the Creation of Europe*（London, 2009），第六章。有关西罗马帝国解体之后，不列颠南部物质文化大幅衰退的叙述，可参阅 Bryan Ward Perkins, *The Fall of Rome and the End of Civilization*（Oxford, 2005），以及 Ellen Swift, *The End of the Western Roman Empire: An Archaeological Investigation*（Stroud, 2000）。有关对 Walter Goffart,

延伸阅读

Barbarians and Romans 418—584:The Techniques of Accommodation（Princeton, 1980）一书中关于蛮族侵占土地一事所持乐观观点的修正，请参阅 P. Porena and Y. Rivière（eds.）, *Expropriations et confiscations dans les royaumes barbares: une approche régionale*（Rome, 2012）当中收录的多篇论文。

在西方极右翼中非常受欢迎的"大置换"阴谋论起源于2011年法国的《大置换》（*The Great Replacement*）一书，尽管其早期灵感来自1973年的反乌托邦小说，同样由法国作者让·拉斯帕尔（Jean Raspail）撰写，后来被翻译成英文，名为《圣徒营》（*The Camp of the Saints*）。有关经济合作与发展组织国家当前人口统计数据的便捷数据表，可参阅 https://www.oecd.org/els/family/47710686.pdf。大量文献对西方社会非法和合法移民的经济影响做出了评估，但一些有用的观点可参阅 Florence Jaumotte, Ksenia Koloskova, and Sweta C. Saxena, *Impact of Migration on Income Levels in Advanced Economies*（Washington, DC, 2016）, Gordon H. Hanson, *The Economic Logic of Illegal Immigration*（New York, 2007），以及 David K. Androff et al., 'Fear vs. Facts: Examining the Economic Impact of Undocumented Immigrants in the U.S.', *Journal of Sociology and Social Welfare* 39, 4（December 2012）。

最后，在关于西方社会劳动生产率下降的大量文献中，最具权威性（针对美国）的资料或许可参考罗伯特·J.戈登（Robert J. Gordon）的《美国增长的起落》（*The Rise and Fall of American Growth*，Princeton, 2016），不过也可参考更为简短有用的书，即泰勒·考恩（Tyler Cowen）的《大停滞》（*The Great Stagnation*, New York, 2011）。

第七章 霸权与边缘地带

有关失去领土税基对西罗马帝国体系的渐进影响，参阅 Heather, *The Fall of the Roman Empire*, 第四章及后续章节。有关东罗马帝国与萨珊波斯的战争，可参阅 Howard-Johnston, *The Last Great War*，有关伊斯兰扩张时代的优秀著作，可参阅 Hugh Kennedy, *The Great Arab Conquests: How the Spread of Islam Changed the World We Live In*（London, 2007）。如需了解西罗马

延伸阅读

帝国解体之后古罗马文化元素传承的有关资料，可参阅 Peter Brown, *The Rise of Western Christendom*, 3rd ed.（Oxford, 2013）。

有关新自由主义兴起和传播的影响，详细论述可参阅 John Rapley, *Globalization and Inequality: Neoliberalism's Downward Spiral*（Boulder, 2004），有关对发展中国家的进一步阐述，可参阅 Rapley, *Understanding Development*（Boulder, 2006）。弗朗西斯·福山关于历史终结的论点最初在一篇文章中提出，1992年编撰成书：《历史的终结与最后的人》(*The End of History and the Last Man*)。"修昔底德陷阱"理论首次由国际关系领域的伟大学者格雷厄姆·艾利森（Graham Allison）于2012年在《金融时报》的一篇文章中提出，后来他在2017年的《注定一战：中美能避免修昔底德陷阱吗？》（*Destined for War: Can America and China Escape Thucydides,Trap?*）一书中，对此进行了扩展论述。鲍里斯·约翰逊恶评如潮的《非洲一团糟》（*Africa is a Mess*）一文于2002年发表在《观察家》（*The Spectator*）杂志上。该文可在该杂志的网站上找到。

第八章　帝国的衰落

有关罗马帝国体系核心的财政契约及其政治融合和不满的性质，详细论述可参阅彼得·希瑟 *Rome Resurgent: War and Society in the Age of Justinian*，（Oxford, 2017），第一章和第二章。关于农民起义有许多精彩的描述，可参阅罗德尼·希尔顿（Rodney Hilton）的杰作《成为自由人的奴隶：中世纪农民运动和1381年英国起义》（*Bond Men Made Free: Medieval Peasant Movements and the English Rising of 1381*, London, 1988，另有其他很多版本）。

有关现代边缘地带的崛起如何逆转让西方变得富裕的资源流动，可参阅 John Rapley, *Twilight of the Money Gods*（London, 2017）。有关国家侵蚀让位于非正式治理的现象，可参阅 John Rapley, 'The New Middle Ages', *Foreign Affairs*（2016）。对于全球1%人口的崛起以及前10%的构成，有关权威论著可参阅布兰科·米兰诺维奇（Branko Milanovic），他已经出版了几本关于全球不平等主题的著作，其中最好的入门书是《富人与穷人》（*Haves and Have Nots*, New

York, 2007）。瑞士信贷（Credit Suisse）发布的年度全球财富报告也可作为有用资源，好奇的读者可以借此了解自己在全球寡头中可能处于什么样的位置。

有关公元468年拜占庭舰队重要性的详细论述，可参阅彼得·希瑟，《罗马帝国的陨落》，第八章和第九章。正如公元532年查士丁尼远征成功所证实的那样，这支舰队的失败并非命中注定，参阅彼得·希瑟，《罗马帝国的复兴》，第五章。

索 引

(以下页码为原书页码)

Acadia, 47
Acemoglu, Darren, and Robinson, James, 14, 175
Addis Ababa, 126
AfD, 112
Afghanistan, 137, 159
Africa, 12, 17, 21, 26, 48–51, 62–3, 79–80, 95, 103–6, 108, 113–14, 127, 129, 132–4, 161, 163
Agri Decumates, 60
agri deserti, 12, 18
agricultural markets, 115
aid budgets, 126, 132
Alamanni, 40, 56–7, 60–62, 64, 85, 89
Alans, 79–80, 90–91, 95
    see also Vandals
Alaric, 12, 91, 94–6, 103
Algeria, 50, 74, 93
Allende, Salvador, 53–4, 61, 74–5
Amazon (S. America), 45
amber, 38, 42, 89
America, 4–5, 9, 14, 21, 24, 29, 45, 47, 50, 67–9, 72–3, 108, 114–15, 119, 124, 130, 132, 136, 143, 146, 155, 163
    see also United States of America

Anglo-Saxons, migration into Britain of, 99–100, 101–2, 103–4
Anthemius, 161
Arab expansion, 80
Arbenz, Jacob, 54
Ardashir, Sasanian ruler, 84
Ariovistus, Suebic king, 56
Armenia, 84
Arminius, Cheruscan chief, 38, 56
Arsacids (Persia), 84
Asia, Central, 45
Asia Minor, 80, 92
'Asian Tigers', 119, 124
Athaulf, king, 94–5
Ausonius, 20–21, 26–7, 29, 32–4, 38, 47, 64, 85, 95–6
Australia, 9, 47, 106, 111, 113, 143
Austria, 89, 148

Baltic sea, 38, 42, 89
Baltimore, 143
Bannon, Steve, 14
Barbarian invasion, 88, 99–100, 102–3, 104–5, 106–11, 128
    imperial responses to 90–93
    see also Anglo-Saxons, migration into Britain of; Barbarians

277

Barbarians, 4, 37, 40, 61, 79, 87, 104–8
  see also Barbarian invasion
Bataclan massacre, 3
Beijing, 124, 126, 129, 131
Belgian Congo, 49
Belgium, 21, 45, 60
Benelux, 82
Berlin Wall, 126
Bhutan, 51
Bishapur, Iran, 84
Bismarck, Otto von, 142
Blair, Tony, 10, 120, 145, 151
Bombay, 43–4, 49–50, 64–5, 176
Bordeaux, 20, 26–7, 34
Boudicca, 33, 63
Boxer Rebellion, 63
Brazil, 122, 132, 159
Bretton Woods, 69–74, 115, 121, 122–3
Brexit, 5, 100, 104, 112–13, 132, 139, 148
Britain, 5, 17, 21, 24–5, 29, 35, 39, 43, 46, 51, 60, 63, 65, 67, 69, 71–2, 79, 83, 93, 99–104, 106, 109–13, 119, 123, 129–30, 132–3, 139, 141, 143, 145, 148, 151, 154, 158–9, 162–3
Britain, Roman, 99–100, 103–4
British East Africa, 48
British India, 51, 63
Brittany, 100
Brooklyn, 28
Buchanan, Pat, 108
Buffett, Warren, 147
Burgundians, 12, 79–80, 96, 161
Byzantium, 81

Calcutta, 44
Callaghan, Jim, 117
Canada, 9, 30, 47, 106, 111, 143
  migration policies of, 113
Cananifates, 37
Caribbean, 48, 50, 136
Carolingian Empire, 79, 82, 85
Carpathian Mountains, 39, 89
carruca (plough), 83
Carter, Jimmy 117
Carthage, 79
Celts, 100–101
Chalons, battle of, 57
Charlemagne, king and emperor, 82–4
Chiang Kai-shek, 126
Chile, 53–54
China, 9, 39, 48, 50–51, 71, 75, 79, 119, 123–7, 129–33, 135–7, 145, 154, 163
  economic development, 3, 123–6, 129–37
  need for cooperation with, 131
  overseas investment and, 125–6, 133–4
Chnodomarius, king, 55–6, 60, 176
Christianity, 13, 15, 22, 34, 99, 102, 135
Churchill, Winston, 67
CIA, 54
Claudian, poet, 11
Claudius, emperor, 39
client kings, 55
climate change, 137, 165–6
Clinton, Bill, 10–11, 14, 115–16, 120, 134, 146, 159
Clinton, Hillary, 139
CMEA (Council for Mutual Economic Assistance), 71, 75
Cold War, 54, 125
  New Cold War, 136

communism, 9, 71
  in China, 1–3, 119, 124
  in the USSR, 9, 75
Congress movement, India, 44, 64, 67
Constantine, emperor, 15, 57
Constantinople, 21, 27, 34, 80–81, 102, 129, 131, 161
Cordoba, 91
Cornwall, 100
Coronavirus, 113, 127, 154, 158
cotton, 24, 31, 43–44, 46, 48–50, 65, 143
Covid, 113, 155, 164
credit cards, 153
Cuba, 54, 75
culture, of empire, 1–4, 27, 34–5, 58, 135
  and development, 22

Danube, river, 34, 37–41, 43, 45, 47, 49, 51, 55–7, 60–61, 83, 87–9, 104
Dark Ages, 100, 104
debt, 1, 9, 67, 146–8, 151, 153–9, 163–4
  debt-to-GDP ratio, 154
  disease and 154–5
democracy, 9, 36, 127, 132, 135, 160
Democratic Republic of Congo, 55, 121
Deng Xiaoping, 124
Denmark, 95, 154
Desiderius, king 82
Diponegro, Javanese resistance leader, 63
dollar, US currency, 1, 69, 72
dotcom boom, 9
Dow Jones index 147

Dubai, 126
Dutch, empire, 24, 28, 37, 45, 49, 63, 68, 70, 151, 169
Dutch East Indies, 49

East India Company, 43, 52
Egypt, 68, 80, 92
Ejsbol Mose, 58–9
Elbe, river, 39, 82
England, 23, 101, 135
'essential' workers, 113, 164
Euric, Visigoth king, 96, 150
European Union, 5, 10, 114, 132, 134, 139
exogenous shock, 87–88, 90–91, 93, 98, 103, 108, 154
export trade, and wealth, 25–6, 116–23, 124

Far East, 48
Farage, Nigel, 108, 111
Federal Reserve, US, 147
Ferguson, Niall, 3
Fertile Crescent, 92
fertility transition
  in modern periphery, 107–8
  in modern West, 30, 107, 110, 113
fiscal contract, 140–41, 150, 155, 157–9, 163–5
Flanders, 23
Florence, 22, 91
Fort Knox, 69, 72
France, 1, 14, 24–5, 30–31, 35, 44, 46–7, 49–50, 62–3, 67, 70–71, 79, 82, 102, 106, 120, 139, 141, 148
Franks, 60, 82
free markets, 9
free press, 135, 164

Friedman, Milton, 117
Fukuyama, Francis, 126–7

G7, 35
Gagarin, Yuri, 75
Galla Placidia, marriage to Athaulf, 93–5
Gandhi, Mahatma, 67
Gargilius Secundus, merchant, 37
GATT (General Agreement on Tariffs and Trade), 35, 70, 72, 115
Genoa, 22
Germany, 9, 13, 18, 20, 23–4, 30–31, 45, 79, 82, 95, 106–7, 120, 142, 148, 154
Gibbon, Edward, 3–4, 10, 12–15, 19
gilets jaunes, 139
globalization, 4, 116, 120–21, 123, 138, 144, 147–50, 153, 155, 158, 164
Gordian, emperor, 84
Goths, 3, 87–90, 92, 94, 101, 109, 176
government bonds, 151, 157
Gratian, emperor, 88
Great Depression, 65
Great Hungarian Plain, 89–90, 171
Great Moderation, 10
Great Recession, 1, 10
Great Stagnation, 1, 10
greenhouse-gas reduction, 165
Greuthungi, Goths, 87–88, 91
growth rates, 10, 127, 152
'guest workers', 106
gunboat diplomacy, 48, 54, 59

Hadrianople, 88, 90–93
Hartz reforms, 120

Hasding dynasty, 79
see also Vandals
Hayek, Friedrich, 117
Holland, 25, 28
Hong Kong, 43, 119, 126, 131
Honorius, emperor, 11–12, 93–4
house prices, 14, 54, 147–9, 165
Hungary, 107–8, 169
Huns, 88–91, 93, 98, 103–4, 123, 128, 154, 161
hyper-inflation, Roman, 13, 18, 85

imperial core, 4, 47, 66, 96, 105, 127, 134
imperial life cycle, 4–5, 36, 81–2, 97–8, 162
see also imperial systems; peripheries, imperial
imperial systems 34–6, 79–80, 162–3
control of inner peripheries and, 53–62, 68–75, 97
internal division and, 102–3, 139–40, 144–50
organization of distance and, 17, 25–6, 45–6, 48–9, 117–18, 121
outer peripheries as source of serious instability, 88–90, 97
processes of unravelling and, 79–80, 92–3, 97–8
provinces, rise of, 29–30, 46–7, 95–6, 97, 102–3
shifts in core prosperity, 23–5, 26–8, 31–2, 69–74
superpower competition and, 84–5, 97–8, 125–6, 129–37
see also migration; peripheries, imperial
import-substitution model, 116, 118–21

索 引

income, 3, 28, 51, 74, 124, 128, 141, 145, 147, 149–51, 153, 157–8, 164–6
India, 24, 43–4, 48, 50–52, 62–5, 67, 70, 115, 118, 122, 127, 132, 136, 143, 163
Indian Mutiny, 43
individual liberty, 9, 135
Indonesia, 74, 146
inflation, 13, 18, 53, 85, 117, 121, 144–5, 157
infrastructure spending, declining gains of, 151–2
  debt and, 153
inscriptions, Roman, 12, 18
interest payments, 156–7
interest rates, 72, 144, 147, 154, 156–8
International Monetary Fund (IMF), 35, 70–71, 109, 118
Iran, 54, 84
Iraq, 16, 84, 106
Ireland, 95, 103
Islam, 80–81
Islamic State, 106
Italy, 21–3, 25, 34, 45, 79, 82, 89–90, 93, 103, 105, 107, 110, 148, 154

Japan, 9, 48, 50, 107, 110, 112, 114, 119, 124, 154, 156
Johnson, Boris, 108, 151–2
Jones, A. H. M., 16–17
Julian, emperor, 56, 61
Julius Caesar, emperor, 11, 27, 56
Justinian, emperor, 80, 131

Kaplan, Robert, 14
Kenya, 49

Keynes, John Maynard, 69, 117, 143
knowledge-capital, 144

labour productivity, 117
Lagos, 114
law, rule of, 134, 164
Leo I, emperor 161
Lesotho, 51
liberal democracy, 127
Libya, 137
life expectancy, 30, 61, 110, 156
Lombards, 82
London, 33, 44, 69, 72, 126, 129, 142, 149
Long Island, 28
Louisiana, 47
Low Countries, 23
Lusaka, 126

Macrianus, king, 55, 57, 62
'Mad' Mahdi of Sudan, 63
Maduro, Nicholas, 121
Mali, 51
Manchester, 143
Manhattan, 28
Mao Zedong, 124
Marcos, Ferdinand, 55
Marshall Aid, 68
Mediterranean Europe, 83
Mexico, 115, 119, 122, 159
migration, 11, 30, 35, 51, 88, 97–8, 101–2, 104–9, 111–14, 120, 127
  economic expansion and, 109–11, 112, 113, 120–21, 128
  'unskilled' immigrants and, 109–10, 113–14
  genetic analysis and, 101–2

281

migration – *cont'd*.
　imperial collapse and, 3–5,
　　104–5, 108–9, 128; *see also*
　　Anglo-Saxons, migration into
　　Britain and; Barbarian invasion
　imperial expansion and, 23–4,
　　30–32, 35, 105–6, 106–11
　NHS (UK) and, 111
　peripheral development and, 38,
　　50, 55, 88–90, 97, 99–100,
　　107–8, 114
　political discourse (modern) and,
　　3–4, 111–12, 148
　policy choices and consequences,
　　112–14
　urbanization and, 24
Milan, 34
Mongols, 79
Mosella, poem, 20–21, 32–3
Mossadegh, Mohammed, deposed
　leader of Iran, 54
Mozambique, 119
Mumbai, 114

Nagpur, 44
Narbonne, 93
nation states, 1, 28, 62, 68, 139–41,
　143, 145, 147, 149–51, 153,
　155, 157, 159, 163–4, 167
national debt, 151, 154
National Health Service (UK),
　111, 158
nationalism, 62, 65
　inner peripheries and, 62–8, 74
NATO, 35, 134
neoliberal economics, 117, 120,
　123, 146–7, 157
　globalization and, 117–21, 123,
　　144–5, 149–50, 164
Netherlands, 28, 106, 154

New Amsterdam, 28
New France, 47
New York, 28, 70, 72, 126, 143, 147
New Zealand, 9, 47
Nixon, Richard, 53–4
northern Europe, 83, 100, 122
Norway, 113

OECD, 1, 35, 107, 111, 113, 165
offshore havens, 165
OPEC, 117
opium, 43, 129
Orbán, Viktor, 112
Ostrogoths, 79–80, 102
Ottonian Empire, 82

Pakistan, 122, 159, 176
Papua New Guinea, 45
Pavia, 82
Pax Romana, 25, 27
peasants, and revolution, 140–42
pension funds, 121, 148–50, 157
peripheries, imperial, 4–5, 14,
　54–5, 66–8, 85, 88–9, 97, 98,
　104, 108, 125, 137, 144,
　149–50, 162–4
　administration in, 63–5, 73–4, 119
　development in, 38–44, 43–52,
　　73–4, 82, 83, 114, 116–23,
　　127–9, 146–7
　migration and, 120–21
　political consequences of, 56–60,
　　62–6, 70–75, 82–4, 90–93,
　　115–16, 122–3, 133–5, 137–8,
　　166–7
　'inner' and 'outer' distinction,
　　41–2, 46, 47–51, 83, 88–90,
　　123, 127
　see also imperial systems;
　　nationalism

Persia, empire, 34, 60, 84–87, 90, 96–7, 126, 128, 130–31, 137
Philip, emperor 84
Pinochet, Augusto, 53–4
Portugal, 23, 25
pound sterling, 1, 69
primary producers, 72–3, 99, 116, 144
Priscus Attalus, usurper, 94–5
private debt, 157
productivity, 29, 83, 114, 117, 151–4, 156
provinces, imperial 4, 19, 26, 33, 35, 46–7, 51–2, 66, 79–80, 84, 91–92, 105–6, 143, 150, 161
  see also imperial systems
public debt, 67, 153, 155
public institutions, 135
Putin, Vladimir, 125, 132

Radagaisus, 89–91, 103
Reagan, Ronald, 118, 145
Rhine, 20, 32, 34, 37–41, 43, 45, 47, 49, 51, 55–6, 60–62, 82–3, 85–6, 89–91, 104, 123, 162
Rhodesia, 106
Richard II, 142
Rome, empire, 3–5, 10–14, 16–17, 19–20, 25–6, 28, 29, 32–4, 36–8, 41–2, 46, 47, 51, 55–62, 64, 75, 79–86, 88–90, 92, 94–5, 97, 105, 122–3, 128, 130–31, 137, 140, 160–63
  control of inner periphery, 55–62
  demographic patterns, 38
  division of power in, 86–7, 92–3
  fall of, 3–4, 5–6, 79–81, 90–93, 161–2; exogenous shock and, 87–93; internal division and, 95–6, 102–3, 139–40, 141, 150;
peripheral development and, 82–4, 122, 123; superpower competition and, 84–7, 126, 130–31; supposed and actual decline, 12–13, 21–2, 85–6
  fiscal contract, 140–41
  and modern west, 5–6, 10–11, 13–14, 18, 19, 35–6, 81–2, 97–8, 104–111, 114, 126, 128–9, 135–8, 141–2, 149–51, 155, 159–60, 162–3
  post-imperial continuities 101–4, 135
  prosperity and political-cultural vigour of late Empire, 14–19; pottery and, 16–18
  rise of, 3, 5, 26–8, 33–4, 39, 71–5
  slavery and, 38, 61
  see also imperial systems
Romulus Augustulus, 80
Roosevelt, Franklin Delano, 151
rule of law, 134, 164

Salt March, 67
Santiago, 53–4
Sao Paolo, 114
Sasanian dynasty see Persia, empire
Scotland, 16, 95, 103
Security Council (UN), 71
Seko, Sese, 55, 121
Septimius Severus, emperor, 84
Shanghai, 126
Shapur I, Persian shah, 84
Shenzhen, 114
Sidonius Apollinaris, 96
Silings, 91
  see also Vandals
Singapore, 119, 126
sink estates, 145
social mobility, 149

283

Solow, Robert, 152
South Africa, 48, 51, 106, 132, 134
South Korea, 119, 122, 127
Soviet Union, 9–10, 54, 65, 67, 71, 74–5, 119, 125, 133
Spain, 12, 17, 21, 23, 25–6, 91–2, 95, 128, 148
Speyer, Germany, 55
stagflation, 117
Stelos, seller of cows, 37–8, 40, 49
steppe, Eurasian, 79, 88–9, 97, 130, 171
Stilicho, Roman general, 11
Straits of Gibraltar, 93
Strasbourg, 56–7, 61–2
student debt, 148, 164
Suez Canal, 68
Swiss bank accounts, 159
Symmachus, Roman senator, 32–4, 93
Syria, 14, 17, 29, 80, 84, 106, 137

Taiwan, 71, 119, 126–7, 131
Tata family, 43–4, 46, 49, 64
taxation, 12, 49–50, 70, 85–6, 92–93, 102, 120–21, 139–41, 143, 149–152, 154, 157–160, 162, 165–6
tax compliance, 159
tax havens, 150
'tax morale', 159
Tervingi, 40, 57, 60, 87–8, 91
Teutoburg Forest, 37, 57
Thailand, 146
Thatcher, Margaret, 118, 120
Theodorus, Roman lawyer, 11, 13, 18, 27, 34
Theodosius, emperor, 94
Third World, 116, 120–21, 133
'Thucydides Trap', supposed, 129

Tiananmen Square, 124
Tiber, river, 20, 32
Timbuktu, 50–51
Toure, Samory, West African resistance leader, 63
trade
  rise of empire and, 22–6, 28–9, 37–9
  rise of the periphery and, 37–41, 43–4, 49, 55
  transportation costs and, 22, 26, 42, 45–9, 121
Transylvanian Dacia, 60, 85, 104
Trier, 27, 32–4
Trump, Donald, 14, 112–13, 129–30, 132, 139, 148, 152, 154
Tunisia, 93

Ukraine, 46, 88–90, 125, 132–3, 164
United Kingdom, 5, 69, 156
United Nations, 35, 70–71
United States of America, 4, 9–10, 16, 24–5, 27, 28, 30, 33–6, 38–9, 47, 54, 67, 69, 71–3, 74, 75, 84, 98, 105–8, 110, 115, 126, 128, 130, 132, 134, 136, 139, 143, 145–7, 152–4, 156
  see also America
unskilled immigrants, 110
Upper Volta, 51, 75

Valens, emperor, 87–8, 90
Valentinian, emperor, 32, 61–2
Valerian, emperor, 84
Vandals, 3, 12, 79–80, 91–93, 95, 101–3, 106, 108, 109, 129, 161–2
  see also Alans

索 引

Vanderbilt, family 28–9, 35, 46
Varus, emperor, 37
Venezuela, 121
Venice, 22
Vietnam, 74, 136
Vikings, 21, 101
Visigoths, 79, 91, 94–7, 102–3, 129, 150, 161–2
Vistula, river, 39, 41–2
Vote Leave campaign, 139

Wales, 100
Washington, DC, 9
wealth, 3–4, 18, 21, 25, 31, 41, 43, 47, 49–50, 52, 55, 58–60, 66, 73, 75, 81, 83, 97, 101–3, 107, 109–10, 121, 127–8, 134, 143–5, 148–50, 153, 159, 164–5, 167
Weimar Germany, 18
welfare state, 142–3, 145
West, the, 1, 3–4, 6, 36, 49–51, 54, 79–83, 92–3, 96, 104, 114, 116–21, 123, 126–7, 129, 133–5, 137, 147,149–50, 152–5
alliance systems of, 131–3

fiscal contract, 141–5, 157–8
rise to economic domination 1, 5, 9–10, 21–5, 28–32, 45–50, 68–75, 106–11, 143–4; China and, 51–2, 123–6; force and, 48–50, 53–5, 63, 67–8, 166; globalization and, 117–23, 144–8
decline since 2008, 1–2, 10
debt and, 151–4, 156–60
demographic patterns in, 30–31, 107–8, 110–11, 156
future possibilities, 163–7
internal social divisions in, 144–50
slavery and, 31–2, 49
World War II and, 66–8, 73–4
see also Rome, empire
White, Harry Dexter, 69
'White Dominions', 47, 170
'white genocide', 106
World Bank, 2–3, 35, 70–71, 118
World War II, 35, 36, 51, 54, 67, 69, 72, 107, 136, 143, 153, 155, 157
WTO (World Trade Organization), 115, 123, 134, 147

285